U0054812

# 站在石頭上的人

## 花蓮光華村的記憶與哀愁

孟慶玲
夏婉雲
——編著

序一

# 再一次堆起石頭　構築我們的夢想家園

游淑貞（花蓮縣吉安鄉鄉長）

首先很感謝夏婉雲與孟慶玲兩位老師的抬愛，讓　淑貞有幸為這本地方重要的文史著作作序。

歷史不僅是書本上的流水記事，更是昔時每個地方人與人、人與事物產生不同的連結和互動，而形成豐富的生活樣貌與情感，或隱或現的體現成為在地文化。然而，隨著物換星移，聚落與生活型態逐漸產生新的樣貌，這樣的改變總是令人憂喜參半，在愛恨交織間常也說不清、道不明，可喜的是仍有如同本書作者夏、孟兩位老師等熱愛鄉土的好朋友，長期透過文獻的爬梳，以及田野調查、口述訪談，當此歷史的節點中，將「光華村原來的樣子」書寫成冊，讓後人能將記憶延續，也把我們對光華村的情感再次凝結不忘。

吉安鄉公所也曾在今（民國一一一年）年三月舉辦了「【一九四九彼岸到此岸——落土生根成家園】吉安榮民與眷村故事特展」，記敘吉安眷村榮民從戰爭遷徙到吉安鄉安身立命、開枝散葉的生活縮影及點滴故事。同樣的，我們的目的除了感念前人種樹的辛勞，也希望能將這樣的歷史記憶轉化成砥礪我們持續前行的基石。

光華村裡的每一扇門、一卡皮箱、每墩砌石，以及一碗麵，背後都有一段大時代的故事，幾十年來承載了許多歷史的哀愁。我們應該「鑑往知來」，用心感受前人行誼、體會每一段故事裡的「言外之意」，帶著感恩的心、族群共榮，在光華村牽起每一雙手，再次攜手堆起石頭，造就百福具臻的家園。

序二

# 默默承受吉安鄉垃圾的光華村

石福春（光華社區發展協會理事長）

光華村早年是一群老兵在木瓜溪河床邊開發出來的新社區。我剛來的時候，整片農地周圍到處都是老兵辛苦挖出的石頭所砌築的石頭牆。

我在新北市板橋區長大，求學時認識了內人，幾經交往後終於有這份姻緣，我隨她來到了花蓮。由於宗教信仰的因素，需要較大的庭院，那時到處看房子，都不合適，在高人指點下，終於在光華村找到了目前住的農地。只看了一次，就買下，因為有感受到這塊地是寶地。就在八十七年，我的家蓋好了，正式入住光華村。

的確，光華村很美，居住環境很好，從我家就可以直接欣賞奇萊山的美景，據說光華是全台少數幾個在平地可以欣賞奇萊美景的地點。

到了九十四年，鄉公所要在光華五街和華城路之間蓋吉安鄉垃圾掩埋場，當然引起村民的反彈，我也是在那時候開始參與村內的抗議活動。可嘆的是都只是陳情沒有收到絲毫實質的效果，垃圾掩埋場還是蓋了。當時有位伯伯說：「我們光華村終於勇敢向政府說不。」那是老兵第一次走出來抗議。

無效的陳情抗議完吉安鄉垃圾掩埋場之後，緊接著又陳情抗議龍巖納骨塔，就有了對話談條件的機會。到了一〇五年陳情抗議縣政府的北區五鄉鎮垃圾轉運站，幸好這次抵抗成功，政府終於知道光華的能量，不能再對光華村予取予求。但吉安鄉垃圾掩埋場從一開始抗議失敗，演變成掩埋期滿卻變身為吉安鄉的垃圾轉運站，十八個村的垃圾，獨臭一個光華村，光華人要勇敢發聲、勇敢反抗，政府父母官請拿出能力，解除民瘼。

從陳情抗議接觸了鄰居，參與了社區業務，曾經擔任了光華社區發展協會第五屆的總幹事，光華村老人會的副幹事。那時農場場員還將近有五十位，常常聽很多伯伯講起光華村開墾的故事，很有趣。後來社區來了孟慶玲老師，從她口中才知道這些故事很珍貴，她也很積極記錄了他們的歷史，幸好記錄得早，這些耆老一個個離開總算挽救了一些史實，讓後來來光華村的人知道光華村的歷史。

孟老師做這些工作很辛苦，後來陸續有曾碧霞老師、邱秀蓮女士和劉春興先生的參與，對光華社區的文史工作大有助益。夏婉雲老師的積極申請計畫、協助出書，更是功不可沒。我謹代表光華社區向默默付出的文史工作者致敬，謝謝你們為光華社區的付出，因為你們，光華村的歷史將永遠傳承下去。

序三

# 漂流木般枯槁的身世與家園
## ——推介《站在石頭上的人》

須文蔚（詩人、台師大文學院副院長）

在東華大學任教二十年間，我曾帶領同學深入中橫沿路的農場，探訪鑿山的造路人，也曾進入壽豐鄉的共和村，訪問拓墾荒地建立農場的榮民、眷屬與陸續遷入凋零村落的居民。聽到無數戰士解甲卻無田可歸，離散飄零於山巔、溪谷、平原間，如一截截漂流木的血淚故事。

中橫公路絕大多數的工程，是由退伍軍人以十字鎬與炸藥，冒著生命危險開通的，其中殉難者二一二人，受傷者高達七〇二人。世人或許聽聞過工程的艱辛，但未必知道，中橫的開通也有著安置榮民的政策意涵，公路沿線開設了不少大小的農場與事業，讓退役官兵得以安身立命於深山與雲霧中。我曾寫下〈雨雪霏霏〉一詩，感念紀錄開路工人的艱辛，也把人們遺忘於山谷的幾代人身影描繪出：

採鳥巢蕨的孤兒眼淚落地成霜
凝結了父親遺留泥濘中的腳印
凍傷了正要結果的我
旱天的種子是無聲炸藥
重力加速度如萬千落石
沒有擊中築路的爺爺
沒有誤殺種菜的爸爸
新寡的婦人把農藥退給供應商
開放高麗菜園給紋白蝶與小菜蛾
把兩代人的肝癌火葬骨灰罈中
歸還孩子的吉林鄉音給祖輩
我綻放白色哀思在母子的黑髮上

以高山上的雪山堇菜之眼，冷眼觀看榮民與孩子在谷地中種植，讓農藥傷害了身體健康而死去，道出雲霧中令人哀傷的故事。

接著在一九六〇年代，政府進一步號召四千五百位榮民，以美援經費，成立兩個「開發總隊」，在花蓮和台東一帶，開始拓墾溪谷兩旁的荒地。於一批乾瘦枯槁的兵士，如漂流木一樣散佈在鵝卵石上，以鋤頭與雙手，堆疊石頭為堤防，將石礫地馴化為良田，我和同學們書寫的《共和流光》一書，就見證了花蓮農場所在地共和村的前世今生。

相較於位於甘蔗田中的共和村，享有日本殖民者設置糖廠建築群的遺澤，帶來文史工作者與觀光客的垂青，木瓜溪對岸的光華村就更顯得寂寥，村門口水泥牌樓上：「發揮戰鬥精神築堤與河海爭地，完成開發任務拓荒使沙礫為田。」寥寥數語，實在無法道盡此地人們的辛酸。所幸有孟慶玲與夏婉雲兩位老師及多位朋友以歷史學家的口述歷史方法，以報導文學作家的細膩筆法，讓弱小與邊緣的光華村民能集體發聲，在《站在石頭上的人：花蓮光華村的記憶與哀愁》輪番上陣，講述在國共內戰與韓戰的經歷、「開發總隊」勞動的艱苦、在石礫地上耕作的不易乃至飽受忽略下的各種生存挑戰。

《站在石頭上的人》一書的本質是口述史，有著珍貴無比的時代意義，一方面如同洛夫《漂木》中的哀嘆：「我低頭向自己內部的深處窺探／果然是那預期的樣子／片瓦無存」，呈現出讓時代棄置的人們，他們漂流木般枯槁的身世與家園。

讀來更令人唏噓的是，光華村不僅缺乏產業的協助，住民必須務農或打零工維生，更長期遭受鄰居「中華紙漿廠」空污的霸凌，但住民又多仰賴工廠提供工作機會，愛恨交錯的情結，也糾結在本書中。更讓人哀傷的是，千禧年後，光華村還要忍受垃圾掩埋場的肆虐。作為紀實文學，書寫本身有著抗議的意圖，孟慶玲與夏婉雲等人更有意為村民發聲，誠如蘭瑟（S. S. Lanser）在《虛構的權威》（Fiction of Authority）一書中所言，讓群體共同發聲至為重要，因為各種聲音的集合就是力量。

期待光華村民集體行敘述與發聲，能讓庶民的歷史啟發台灣人，理解無論是中橫或是花東的開發，都有先民的血汗與奉獻。雖然開發者都是飄零者，在今日他們所受的苦痛，也應是我們該重視的，當為之呼痛，為之呼籲，還村民真正的樂土與淨土。

序四
# 另類石頭記，一部光華史

王年雙（前彰師大國文系系主任、台文所所長）

民國九十三年三月十九日花蓮縣政府公告「光華農場旁牌樓」為歷史建築，過不久，我就驅車來到吉安鄉光華村的牌樓下，撫今追昔的寫了一篇文章，發表在自己的部落格裡面。

那時我決計沒有料到，慶玲會置產於光華村，更沒想到她會鑽進人群，記錄在地歷史。

光華農場開發於民國五十二（一九六三）年，距今都快六十年了，當年場員凋零殆盡，面對這麼迫切的形勢，口述歷史成為慶玲最佳的選擇。就如我任教的彰師大，創於民國五十九（一九七〇）年，也在耆舊日益凋零之下，傾全力出了好幾部口述歷史，至於真正的校史，還在等編纂時機。

口述歷史看起來很主觀，曾閱讀《李宗仁回憶錄》，這種感覺非常強烈，該書對很多歷史事件和人物的觀點和評斷，都和我以前在教科書看到的大不相同。這本書定稿於一九六四年，那時李宗仁還在美國，還沒回大陸定居，所以不是共產黨的宣傳品。不但如此，此書是由著名史學家唐德剛撰寫，應該十分嚴謹才是。

原來，歷史要求客觀，但自古史書就不客觀。所謂後朝修前史，不都為了後朝統治服務麼？《明史》記載鄭成功派人將魯王「沈之於海」的故事，要不是民國四十八（一九五九）年國軍在金門炸山採石，意外發現魯王陵墓，確定魯王哮喘卡痰，薨於鄭成功之後，這才讓大家明白，清廷為了宣揚平台部隊為正義之師，不惜揑造歷史，使正史成了誣史。

史料是死的，解釋是活的。中國史書有春秋筆法的傳統，演變到後來，對於同一人物，同一事物，卻有兩極的評論，我們過去稱太平天國之亂，大陸說成洪楊起義，王陽明曾有討平斷藤峽盜亂的軍功，後來也被說成殘酷鎮壓少數民族起義。

如此說來，客觀也只是理想，時代在進步，現代歷史學更應重視主觀的部分，畢竟，在歷史當口上，真正起作用的，往往是歷史人物的主觀成分，在鴻門宴上，范增數度使眼色，三度舉玦，項王終究沒有戰勝自己的主觀。

慶玲的口述歷史是累積的，早在女兒和侄兒童蒙時期，她福臨心至的創辦了《我們的報》，聚集婆家、娘家的人力，搞集體創作，家母不識字，她就以口述歷史的方式，發表了一篇文情並茂的〈螟蛉女物語〉，生動的形象，讓我重新認識養我三四十年的母親。

光華村第一代場員所剩無幾，但第二代就有不少，有感於人力不足，在社區發展協會理事長石福春的協助下，曾碧霞、邱秀蓮投入寫作的行列。

有人說，歷史追求的是客觀的真實，文學追求的的是藝術的真實，所謂藝術真實，就是感情真實，將口述者的感情世界真實反映出來，真的需要一定的文學素養。至於客觀真實是理想，有賴撰述者採訪過後持續的努力。唐德剛說《李宗仁回憶錄》，「大概只有15％是他口述，85％是我從圖書館、報紙等各方面資料補充與考證而成的。」我們不能要求相同標準來寫作，因為從圖書館、報紙找不到多少光華村的資料，但考證工作不可少，畢竟口述者會有記憶不準確的地方，撰述之時，必須詳查這些事件平行時空的史料，加以增刪和調整。我看這群寫手們，有的擁有豐富的教學研究經驗，有的具備練達的社會人生閱歷，在在顯示這樣神聖的歷史工作，必能將藝術真實和客觀真實妥切地融合在一起。

難得的是，作者夏婉雲教授在地關懷，成長於附近的空軍防空學校旁的眷村，深深被光華的石頭所吸引，得知慶玲等人早有口述歷史的工作，在這些基礎下，力邀著名導演陳耀圻《劉必稼》、學者胡台麗《石頭夢》兩部影片的主人翁之子劉春興加入，提出構想，申請計畫，希望以更寬闊的目標，保存光華過去的記憶，以行動展現理念，至深感動。

歷史是過去，政治是當下，經濟是未來，寫作團隊的聚焦工作很迫切。很榮幸在編纂期間，能受邀加入Line即時通訊平台的《光華村書寫群組》，深感寫作成員個個不服老，學習新知，運用新科技，更好地保障工作的縝密過程，更感受到群策群力，積極參與的熱情，有這樣殫心竭慮的團隊，一部在地書寫的典範是可以期待的。

民國一一一年九月十二日

# 目次

序一　再一次堆起石頭　構築我們的夢想家園／游淑貞　3
序二　默默承受吉安鄉垃圾的光華村／石福春　5
序三　漂流木般枯槁的身世與家園——推介《站在石頭上的人》／須文蔚　7
序四　另類石頭記，一部光華史／王年雙　11

輯一　活的見證：採訪光華農場場員、遺孀、眷屬

光華農場場員

光華墾區的開發隊員：周鴻　21
古寧頭戰役的通訊兵：劉世平　32
開發隊裡的抓兵：夏宗澤　42
剃頭師從軍：樓能橋　48
打漁郎變水鬼：李興智　54
老軍醫的金門炮戰：朱樹鑑　60
打韓戰的香蕉伯：王鳳起　67
韓戰砲灰：顧中來　76
光華農場技師：黃鼎隆　81

農場場員遺孀

老夫少妻：莊大妹　91
崎嶇到康莊：陳樹梅　100
女村長：巫阿玉　106
鄉關何處：杜曉英　111

農場場員眷屬
上一代 當日本兵的老「老古」：古鑫台 117
第二代 返鄉團女領隊：何民玉 127
第二代 石頭夢：劉春興 138
第二代 受虐兒：徐蘭香 149
第二代 慷慨豪邁：曹純明 161
第二代 勇闖江山：羅文強 171
第二代 傳承勤儉：黃信泰 178

## 輯二 光華農場的文物

一、光華農場牌坊 188
二、光華墾區記碑：關於開發隊 192
三、石頭田埂 195
四、石頭牆 197
五、羞羞臉水塔 198
六、小兵合照 200
七、新五村眷舍 202
八、農莊作壽 204
九、光華大圳 206
十、初英堤防潰堤 208
十一、四村的公車站牌 210
十二、一村的國徽候車亭 212
十三、結婚證書 215
十四、八星寶星獎章 217
十五、「功在光華」匾額 219
十六、原野的拓荒者 222

## 輯三　現在的光華村

有趣又歡樂的光華社照C據點　228
光華國樂團　232
光華巡守隊　235
光華的綠色交通——田園線自行車道　238
光華的春秋、日夜之美　240
關懷據點舉辦的河口生態解說　245
原住民舞蹈班　249
文化與垃圾：光華村的美麗與哀愁　252
和污染爭地的光華村　255
搬：獻給光華記錄片《石頭夢》　258
尋夢踏實，讓光華人物故事閃耀光芒　261

## 後記

走過大時代的腳步聲／孟慶玲　266
工匠所棄的，已成了房角的石頭／夏婉雲　270
看不見的《石頭夢》／劉春興　276
新住民／曾碧霞　282
傳承／邱秀蓮　284

輯一

# 活的見證：採訪光華農場場員、遺孀、眷屬

# 編輯弁言

一、輯一光華農場場員的排列順序，是以入場年份為先後，如劉世平與周鴻同是五十七年七月一日入場，也同是前後任村長，因周鴻是開發隊員，親自開發光華墾區，對於光華從無到有瞭若指掌，故排第一。

二、第九位黃鼎龍雖非場員，但其擔任農場技師三十年，對農場行政業務、組織沿革、場員境況等如數家珍，故與場員同列。

三、採訪各個場員時間陸陸續續長達十年，都有紀錄採訪日期，至於採訪後語則具在民國一一一年七、八月間寫出，所以就不記載採訪後語的時間。

# 光華墾區的開發隊員：周鴻

口述：周　鴻
採訪：孟慶玲

我是民國十九年出生在江蘇揚州府寶應縣的周鴻，家裡務農，兄弟姊妹五個，兩個姊姊，一個妹妹，一個弟弟。我是長男，也是家中的寶貝，父親忙著務農，我卻從來沒有被允許下過田。田裡上半年種麥，下半年種稻。還記得育秧到一定的高度時，就要把水放掉，讓田土龜裂，插秧前一天進水，再把秧苗一把一把拔起來，洗掉泥巴，用稻稈綑綁成一小束、一小束的，然後再二三十個人下去插秧，這個印象還很深。

我在家鄉有唸私塾，族長請老師來周家祠堂上課，過年的時候在祠堂團拜的印象也記得，私塾只上了三年，日本人來了不給上學。當時汪精衛的軍隊在城裡，他是親日派，蔣介石聯合毛澤東是要抗日的，時局非常亂，城門夜裡關著，等同戒嚴。

民國三十六年我十七歲隻身跑到江南闖蕩，三十七年回家，村長拐我出來，說鄉長要找我，因為鄉長與我家相熟，就不疑有他，本來我隨身帶有一把手槍防衛，但那天父親叫我不要帶槍，誰知村長竟然把我交給團管區，那是專門訓練新兵的地方，我被抓兵了！再也出不來，連上廁所都要報告，就怕人給跑了。農曆七月十二日出發到上海，在江灣體育場上了輪船，三天三夜來到台灣。

從高雄上岸，民國三十七年的雙十節我是在台灣度過的，在鳳山陸軍官校集訓，準備民國三十八年反攻大陸。當時學校裡有很多日本人留下來的房子，但我們住的是簡單的木板房，打地鋪，平日都穿短袖短褲，物資很缺乏，冬天只能洗冷水澡。當時營房設備非常簡陋，沒有廁所澡堂，只在一條泥地上，一端挖糞坑，上面兩條板，蹲著解便；然後一端就是一排水龍頭，大家站著洗澡，什麼遮蔽物都沒有。我的部隊番號是：青年軍八十軍二〇六師一五二團第六連。民國三十八年政府撤退來台，我也沒被派上戰場。

我在鳳山很多年，將近十年的時間，當班長，期間有到處移防，東港、林邊、車城都待過。民國四十六年到楊梅，在西部海岸線上防守。當兵的歲月非常苦悶，跟著團體茫然生活，沒有理想，沒有目標，年紀一年一年耗掉，於是我用盡辦法裝病想退伍，我在苗栗的醫院裡賴了一年，好不容易名字從原屬部隊刪除，出院後仍然無法退伍，但被編進了開發總隊，這已是待退役的最後軍旅生涯。

民國五十一年隨開發總隊來到光華，在現在木瓜溪橋頭，當時沒有陸橋只有鐵道通到對岸，我們在那附近蓋了三座大營房，有三個大隊，總共十二個分隊，一分隊有一百人，總共一千多人都睡在那裡。我們先築堤，把河川裡的大石頭挑去築堤防，當時鐵道附近很多相思樹，都被我們砍來挑石頭，五六個人挑一顆大石頭，那個年代什麼都靠人力，雙手雙肩流血流汗把堤築起來，從鐵路以下修了一千多公尺，修到現在牌坊大門附近。從大門以下的一千多公尺的堤，是後來有機械之後才修的。

堤築好後，開發總隊移到大門附近，開始開地、修路。我們挖田土把路開了，丈量田界把水溝修了。每塊田都是二十公尺寬，五十公尺長，如果現在有特別大塊的田，都是後來被大水沖垮的。現在光華五街兩旁的田特低，是我們當年把土石全挖起來築很高的馬路，路邊附帶很高的灌溉圳溝，水才流得進田裡。光華的農路非常穩固，因為下面全是石頭。我在開發總隊裡算是年紀輕的，力氣大，做得也快。還有記得那時周邊四野都是雜林野草，無路可走，進城要四處找路，現在知卡宣森林公園那裡以前是個飛機場，不給通過，我們一群阿兵哥仗著人多，偏偏硬要走，就和衛兵吵架，甚至起鬨要打架，因此驚動了裡面的長官跑來關切，知道我們是開發隊的老兵之後，就說好啦好啦！給過給過！但是我們走過去的時候，看到裡面的停機坪、油料庫，感覺確實是個該森嚴戒備的地方，以後也就不敢再胡鬧了，甘心繞遠路走。

開發總隊把地整好，路開好，溝修好，接著農場場部進駐，請營造廠蓋了一二三村的石頭屋，當時有謠言說是要蓋給軍官入住的，一時兵情沸騰，覺得期待落空，不想再賣力，為了安撫人心，民國五十二年就安置了一批退伍老兵，我也當年就提出申請結婚，卻被壓在公文堆下面，五十三年才核准。

我的太太林素清民國三十五年生，小我十六歲。民國五十二年那時才十七、八歲，在開發隊的康樂中心打工，康樂中心在現在全民社區附近，她當撞球檯的計分小姊，我是籃球隊的，不打撞球，但煮飯的阿婆作媒介紹給我們認識，當時很多同僚伙伴在追求她，還為了她要打架，但有人說：「阿清是老周的女朋友。」大家一聽花兒有主，而且是我，都很服氣，就再也沒有爭吵的聲音了。太太的身世很可憫，很小就沒有母親，也沒見過父親，是外婆在養育她，後來跟著阿姨在板橋讀小學到六年級畢業，阿姨要搬去嘉義，而她則跟著舅父來到花蓮，但生活費仍是姨父在負擔。她的學業成績很好，在明義國小旁聽考前輔導一個多月，就考上花蓮女中，非常不容易，但讀了一年，姨父生意失敗，斷了金援，舅舅生活也苦，就叫她輟學去工作。我們認識之後論及婚嫁，她辭了工作到嘉義稟報阿姨結婚的事。阿姨交給她母親的骨灰和神主牌，交待她代替母親撫育的責任已了，從此要讓她自己負起祭祀母親的責任。

阿清民國五十三年回到花蓮，把她母親的骨灰放在慈善寺。我們在四月十八日舉行了結婚典禮，宴請了三十多桌。婚後我還是在開發總隊開荒，另外在花崗山附近租了房子住，我每天騎腳踏車從防校後面繞回家，年底大女兒美秀出生後，我們搬到干城租房子，我上下班回家較方便，民國五十五年生了大兒子建忠。我們開發隊移到太巴塱山上泰來農場開荒，開梯田。

泰來農場原來是計劃要種桑養蠶，成為蠶絲中心的，但是後來失敗收場。當時開荒，我把太太孩子都帶了去，有眷的都自己在總部旁邊蓋茅草屋住，沒有電。天氣很冷的時候，我就和太太一人抱一個孩子下山，到光復找旅館泡熱水澡，覺得是很舒服的享受。有時我也搭學生專車之便去豐濱買豬肝，全家打牙祭，真是美味！在山上有三年，原本打算退伍後就安置在泰來農場，但有天夜裡大女兒從床上摔下來，手臂骨折，我抱著她連夜跑下山，跑到光復街上，四處求救，一個早起賣豬肉的幫女兒處理固定。我因此決定不能住在太巴塱山上，太偏遠了，生活機能太差了。

民國五十七年三月一日我退伍，脫下軍衣，離開太巴塱回光華，是真正的老百姓了。退輔會分配我光華農場新五村的磚造屋，當時房子還沒完工，我們在南海十一街租房子住，到七月一日，才歡喜進住自己的房子，房子很小，大約只有十坪，民國五十八年小兒子建成在光華出生。我在這裡一住就已住了五十二個年頭，都沒有離開過，這裡是我真正安家落戶的地方。

從前當兵覺得苦悶，想盡辦法要退伍，其實單身漢跟著部隊有吃有住，生活不會有問題，偶爾賭個牌九，還能賺到錢；但退伍後，要靠種地養活妻小，我才真正體驗到生活的不容易。光華的地太貧瘠了，土薄薄一層，下面全是石頭，種不出東西來。後來退輔會有去山上挖土來填，另外下大雨時，大圳流進來的混濁泥巴水，經過一夜沉澱，也是沃土的來源，大家搶水搶到吵架打架，因為大家都要養家，大家都很苦！後來是由場部來控制水閘。還有早先要向水利會買水權，以田地面積大小來計算水權費多寡，我六分地只買三分地的水權，留三分地當旱田，種菜，到後來才由公家補助，不用再買水權。但種地實在無法生活，後來田地就讓太太顧，而我去紙漿廠扛鹽巴袋、挑磚，做粗工，完全是賣勞力賺錢，苦得不得了。而有時候看著太太跟別人的太太搶水，夜裡排班放水，覺得很心疼，而孩子們上光華國小時，學校裡也是大大小小都是石頭，小朋友每天也是鋤頭畚箕在整地。

民國八十一年、八十二年，農地陸續放領，田地可以自由買賣。孩子們也都長大有工作了，生活頓時輕鬆起來。民國八十三年到九十一年我擔任了兩屆村長，能夠為大眾服務，是非常光榮而且有成就感的事。我自認為八年的村長最大成就有四：

（一）光華的農路是我爭取經費拓寬的：光華原本的農路都只有兩三米寬的泊油鋪在路中央，兩旁都是高高低低的石頭，按照規格應有六米，我爭取經費把六米路都鋪足了，只剩光華十街還是五米路，因為是我自己的田地在那裡，不好意思做。還有光華國小前的光華二街是八米路，也是我一家家一戶戶溝通，才順利徵收土地，拓寬了這條孩子們上下學的主要道路。

（二）爭取十大建設農村水路重劃計劃，得到當時的省長宋楚瑜的幫忙撥了六百萬，做了南海十三街大排通過海岸路的箱涵，解決排水問題，還有一鄰、六鄰排水溝加蓋等工程。另外民國八十五年向縣政府爭取到七百萬，做了華城六街的大排水溝，這溝是從干城村沿華城路二段做過來，經涵洞轉光城路到牌樓前涵洞，再轉華城六街東流而下，一路有許多水閘，可流進小的圳溝，有灌溉兼疏洪的功能。

（三）慈安宮是在我任內募款集資興建的：當時一鄰和四鄰都有土地公廟，新五村這邊大家也想蓋個土地公廟，方便祈福禳災，庇護地方。我便主持募款集資，因為剛好農地放領的關係，許多人賣了田，身上都有好幾百萬，出手都很大方，我曾經光一個晚上就募到了三十萬，最後的總數非常可觀，遠遠超出蓋土地公廟所須的資金，所以後來決定改建規模更大的媽祖廟，廟成又因緣際會得知台北中和地區有間慈惠堂因馬路拓寬要拆除，奉祀的瑤池金母經擲筊指示當移駕本村，經多方協調，才於民國八十四年底功德圓滿，安座落成。大殿祀王母娘娘，右偏殿祀媽祖婆，左偏殿祀土地公。其中的變化真是因緣巧合，料想不到，一切都是天意。從此慈安宮成為本村的信仰中心，也是大家聯絡感情的好地方，我很滿意它在我手上從無到有，到現在的繁榮壯大，香火不絕。

（四）玉里佛寺納骨塔是我堅持不給蓋的：在我當村長任內有納骨塔業者要在農場牌樓門口蓋納骨塔，我堅決反對，因為就在農場大門口，也是我們整個農村水路的入水口，在堪輿學上等同壓在龍頭上，整個光華村的風水就壞掉了，將來是毫無發展可言，我所以堅持不給蓋，今天光華村才能夠有好的發展。但有人誤會我是因為自己的田地在附近才不給蓋，其實我身為村長，所求的都是全村的利益，不敢有私利的想法，甚至當全村的農路都拓寬到六米以上的時候，光華十街還因為我的田地在那裡，不好有自肥的聯想，而還維持老舊的五米路，這是我一定要出聲來自清的。

開放大陸探親後，我在民國七十七年有回鄉兩次，父母已逝，弟弟十八歲就亡了，叔叔無子，當年弟弟是過繼給叔叔的，叔叔有領養一個小堂妹，要給弟弟當童養媳，後來也只好另外嫁人。兩個姊姊，一個妹妹，連同小堂妹都見了面，大家都老了，我十八歲離家，五十八歲返鄉，四十年間多少變化！祭了祖，父母牌位前報了平安，流了許多眼淚。

孩子們都已自立門戶，目前有六個孫，一個曾孫，都不用我們兩老操心。我和太太還是住在老磚屋，房子已經加蓋到二樓，但孩子們搬出去後，我和太太也只在一樓走動。回想我這一生，戰火改變了我的命運，十八歲當了兵，跟著部隊四處遷徙，一直到結婚生子，才真實感到生命有了意義，雖然生活艱辛，但克勤克儉也都熬過來了。住在這個屋子，安頓了我的人生，其中自認為最精彩的一段還是要算當村長的八年，為村裡做了許多事，覺得自己的價值因此提升了，除了光榮也很滿意，當然也要謝謝大家都很幫忙，事情才能順利完成。

我今年九十歲了，當年真正滴滴血汗來拓荒，築堤開地修路，光華是在我手上打造誕生的。之後擔任八年的村長，奔走村內公共事務，投入了許多心血，就是希望大家能有好日子過。現在年老了，看到很多年輕人出來服務，心裡非常欣慰。希望他們別把錢看得太重，不能搞賄選，更不要自立山頭，形成多頭馬車，一定要團結，光華才有出頭天。

民國一〇九年二月採訪完稿

## 採訪後語

採訪了周伯伯之後，「開發總隊」與「農場」對於我不再只是兩個懵懵懂懂的名詞，而是活生生有血、有淚、有靈魂、有畫面的老兵墾荒史。

老兵參加開發隊去開荒時還是軍職，隸屬於警備總部；要退伍之後才能申請進農場養老，是由退輔會在管理。這是我採訪了周伯伯之後，才總算弄清楚的。

周伯伯在村長任內修了華城六街的光華大圳，我因此注意到光華的灌溉水系。曾經背著單眼相機，騎著單車鐵馬走訪源遠流長的清澈圳水，一個個採訪周伯伯說過的水閘、涵洞……終於了解了大圳與大排在外貌與功能上的不同，並且深深愛上了這片土地。

周伯伯來光華築堤墾荒之後，又去了泰來墾區——一個計劃中的蠶絲生產中心，雖然泰來農場最後以失敗收場，卻引起我很大的興趣，決定接下來要採訪村裡曾在泰來成長過的第二代，他們都是養蠶高手，或許我們也可以成立一個小泰來實驗農場，來復活當初生產蠶絲的理想。

1 1.周鴻與妻林素清合照（照片提供：孟慶玲）
2 2.周鴻全家福（照片提供：孟慶玲）

# 古寧頭戰役的通訊兵：劉世平

口述：劉世平
採訪：孟慶玲

我是民國十七年出生於廣東潮州的劉世平，有一個兄長，二個姊姊一個妹妹。父親務農，種稻，種白甘蔗，種花生、蔬菜……記憶裡父親總是忙著種地，養活一家人，還有主持祭祀，他最常說的：「我養你小，你養我老。」而母親是很傳統的農村婦女，穿著粗糙，衣服破了就打補丁。農家最怕颱風水災、不雨旱災，生活很苦，當時沒有西藥，中藥效果不好，人的壽命都很短，加上戰亂，無政府狀態，生命如同牲畜，沒有律法的保障，人都要靠自己管自己，很不容易。我在家鄉讀了私塾到初中。

民國三十八年，我二十歲時，國共戰爭，國民黨敗了，退到廣東，兵源不夠就地徵兵，保長（村長）來家裡說「每家要出丁一人」當時我兄弟二人均為適役年齡，但我未婚又青壯氣盛，為了保全新婚的兄嫂，就毅然決然在保長逼迫下從軍了，全家都很哀傷哭泣，因為好不容易才養大的男孩，去當兵十個有九個會被打死。後來家裡有接到一千斤的蔗糖，以及一些農作物做為徵兵的補償。我在家門臨行之際，嫂子端來一盆神符平安水要我洗面，說一聲「老天會保佑吾細叔早日歸家」意思是希望我能逃兵成功。

我在淚水中穿了一套平日常穿的黑短衣褲，由我母親吳太夫人陪送至吉水鄉公所交人。家人雖甚哀傷，但都在避難中不敢陪送。我與母親相對淚流，生離死別就在當下，與雙親相依的緣份也就此斷了。

隨軍隊由潮州開拔走路到汕頭，當時我們新兵都還穿著家常服，並沒有軍裝可穿。國軍在福建、廣東都節節失利，當時東南軍政長官陳誠在台灣坐鎮指揮（蔣介石還在四川）有情報得知中共第十兵團二十八軍八十一師所屬的三個團九千多人乘各型船隻近二百艘將自福建蓮河、澳頭、大嶝出航，進犯金門。就決定由我們十二兵團增援金門，所以我們在汕頭打劫了一艘南洋商船，在海上漂流許多大，船上只能坐著，人太多無法躺下。十月二十二日到了金門外海，十月二十四日終於登上金門本島。夜間，中共第十兵團二十八軍八十二師所屬的三個團九千多人果然來犯。十月二十五日凌晨二時，國軍由烏北海面砲擊，並出動「金門之熊」M5A1型坦克裝甲部隊。共軍由壟口附近登陸古寧頭，因為不了解金門潮汐的漲退，全部船隻都陷困海灘，此時國軍砲火猛轟，共軍死傷慘重。餘下共軍四處逃竄，遭國軍攻擊。國軍陸海空都出動了。

雙方先是火力戰，槍、砲齊來，最後子彈耗盡，變成短兵相接，發生巷戰，甚至白刃戰，肉搏戰。直到十月二十六日晨十時，共軍全部被肅清。

那時我是通訊兵，隨時要保持通訊暢通，訊號一來，三人一組，一個拉線、一個拿話機、一個要負責指揮，來完成工作。訊號斷了，要修，馬上去查，跟著電線走，邊走邊拉起來看有沒有斷掉，我們通訊兵很不安全，如果飛彈來了噴到碎片，當場就傷亡了。

我當時以一個未穿軍服的新兵，連開槍都不會，只能抬彈箱，還能勇敢地完成通訊兵的任務，參與了歷史上的「古寧頭之戰」感覺非常的光榮。

當時雙方武器都舊且差，醫療設備明顯不足，醫藥欠佳，傷兵拖延致死的很多。整理戰場遍地死屍，陣亡國軍運到太武山，一人一坑埋葬，但並無棺木，在當時甚至連草蓆、被單都不可能。共軍屍體則是就地掩埋，二、三人一坑或三、四人一坑，甚至田間的灌溉深井也被填滿了屍體。

這次戰役共軍最大失策在於（一）不明地理，沒注意潮汐問題，把自己兩百艘船困在淺灘挨打。（二）輕敵，以為金門國軍只有島上駐守的，不知海上早準備了增援軍。而我方最得力之處在於：（一）情報正確，超前布署，制敵機先，最可喝采。（二）美軍支援我方六門大砲，不要說守灘，甚至可打到廈門，廈門百姓死傷太多，逼迫共軍停戰，我們也才有跟共軍協議星期幾誰打過來誰打過去的籌碼。

我在金門從三十八年待到民國四十三年。每天築碉堡挖坑道，太武山的「指揮官大碉堡」我也參與了建築工事，到夜晚還要站兩小時衛兵。民國四十年金防部成立幹部學校，我參加考試錄取了，接受兩年嚴格的軍事教育，當時年輕體壯，雖苦但增加很多智慧。

我在軍中讀書，也練字，因為隸屬通訊連，和同袍發展了有線電話密碼通訊，也在連中擔任文書工作，走向行政事務，使我成長很多，改變一生。

民國四十三年部隊轉到台灣，我分發到「預備第三師」是專門準備反攻大陸的單位，做的還是文書工作。民國四十八年調用去「力行總隊」，為期三年，專門做工程，有在苗栗做鐵路改建工程，把彎道改直；有在彰化員林修水溝、整農地；南港中央研究院在山上，道路遇雨就坍，我們去做道路改善工程，我在總隊是行政官，做管理薪餉、糧食發放的補給工作。

民國五十一年，「力行總隊」在台中縣龍井鄉做八七水災災後整理工程，士兵集中搭帳篷，幹部則借宿民家。我借宿的賴家，對軍人有不良印象，處處防範還面帶怨嫌，但我在賴家一住三個月，賴太太竟然主動提起婚事，願將女兒阿靜嫁給我！阿靜比我小十二歲，那時三十三歲的我先向上級申請結婚，就參加了軍中盛大的集體結婚典禮。

但丈人家對於我這個外省軍人，身無恆產，實在抱持又愛又怕的心態，他們對軍人生涯沒有安全感，囑咐我設法退伍，還沒退伍之前，要太太繼續留在娘家幫忙種菜養雞，我則仍然隨部隊跑，回到在桃園的預備師，民國五十三年調到開發總隊，因為花東地廣人稀，所以從台東一路往北開發到花蓮。假日才到台中與妻團聚。因此我也急著找關係並以傷病為由申請退伍，經過相當的時日，才於民國五十七年奉准退伍。脫下軍服已四十歲矣！大的三個孩子都在丈人家誕生的。

退伍之後無一技之長，且舉目無親，找事做實為困難，在這情況之下，我向退伍軍人輔導委員會申請就業，奉核安置於光華農場從事農業工作，恍然回到年少時我父親的農人角色。但我在軍中擔任文書工作，二十年來未做粗勞，非常不習慣，但有田有房，能把妻小接過來共同生活，總算有了完整的家庭。過了一年，當了光華農場主任室的臨時辦事員，多為會計工作，月薪不多，生活尚勉強，自民國五十八年至六十九年，期間約十年，並兼做農事，含辛茹苦養大三女一男。幸運的是兒女都知上進，女兒皆通過了高普考，從事公職，兒子則是一名汽車公司的高級幹部。如此令我甚感欣慰，即便是身後，也已無憾。

我來光華先後參與選任村長、農會理監事、農田水利會代表、社區理事長、慈安宮的副主任委員，公共事務工作也擔負過許多責任，自許雖非什麼大人物，但也不是可任人隨便左右意志的，能夠擇善固執，直道而行，益公利眾，因此也受有識之士好評與肯定。

太太阿靜常抱怨我「對外人好，對家人不好」我相信她只是在撒嬌，希望我多陪陪家人。但我認為顧全家人是我做為男人的基本責任，我當然愛家護家；但對公共事務的投入，則是我這個人的價值提升，內外兼修，是我對自己的期許啊！我也很自負我曾經有能力服務光華的鄉親大眾。

民國七十七年西元一九八八年開放兩岸探親，我帶著老妻返鄉，已見不到雙親和兄長了。當年新婚的嫂嫂，如今領著六男二女姪輩來見我這小叔叔、小叔母，我離家時嫂嫂曾以神符水祝福我平安，再相見時已是四十年後，忍不住的兩相大哭，恍若隔世啊！我哥哥繼承我父親一生務農，五十五歲便已往生，姪兒們多往深圳討生活。我以回鄉居住為由，向當地政府申請了一塊地，蓋了一間小祠堂，放上祖先的神主牌，也像我父親當年一樣，主持了祭祖的儀式，要讓香火代代相傳下去。回首我這一生，戰火中顛沛流離，在異鄉艱困謀生，而能有今日之一飯一衣一室，除了自己的勤奮外，應是祖先有德，蒼天有厚愛，否則性命早已在金門就戰亡，何有今日呢？

剛來光華時，分配到磚蓋的小屋，旁邊再自己加蓋廚房，那是我真正安家落戶的開始。大女兒五歲留在台中給岳母帶，一直到國中才帶回花蓮，二女兒三歲，兒子才剛出生不久，都接過來住在一起，那是我真正有了自己的家室，過兩年民國五十九年，小女兒也在光華出生。我除了在場部辦公，也努力農作，買了一駕小鐵牛打地，最多的時候曾經種到六甲地，種稻米和甘蔗，非常忙碌，但能保有一個家，曾是我多麼渴望的夢想，我很珍惜也忙得很高興。

兒女逐漸長大之後，小屋越來越擠，公地放領之後，我努力存錢，民國八十四年賣掉老屋，以一坪五萬元蓋了現在住的這座三層樓大院落，當時以為兒女子孫全部住得下，誰知女兒們陸續出嫁，不可能回來住，兒子也在北部謀職，成家立業，不能回來住，只有我與老妻在一樓活動，二三樓完全空著。如果時光能夠倒流，回到當初，我應該蓋個小平房養老就好。每次從牆外看著這座巍峨大屋，就好笑自己當時的想法，怎的就沒想到樹大要分枝散葉？兒女各有一片天啊！回憶兒女年幼時的滿屋笑鬧聲，是年老的我感到最甜美的事。

老妻曾應兒女之邀，去跟年輕人住過一陣子，但都不習慣變動太大的生活方式，最後還是回到我身邊，兩老守著我們胼手胝足建立起來的大宅院。感謝她二十一歲就跟了我，吃苦耐勞，讓我在異地也能享有一個溫暖的家，一世的相伴，多少的恩情！八十歲的她如今已是油盡燈枯，在加護病房裡氣若游絲。我已九十二歲還能守護老妻最後的日子，心裡只有感恩與圓滿的幸福！

民國一〇九年四月二十五日採訪完稿

## 採訪後語

剛來光華時，聽人們講起某個老伯伯時總是說：「啊！那個老山東！」或是「啊！那個四川人！」覺得很新奇，怎會對一個人的最深印象居然是省籍呢？後來我認得劉伯伯後，每次講起他時，就會很自然地在心裡升起「那個廣東伯伯！」原來辨認省籍正是眷村的特色呢！因為各省老人雜處，講起話來南腔北調，我是如同鴨子聽雷，但是劉伯伯的廣東腔我是聽得懂的，有點像閩南語又有點像客家話，猜一下不會差太遠。

劉伯伯很高興我採訪他，每次採訪結束都會帶我去他田裡轉轉，我是擔心他跌倒，所以才跟著去，他就砍香蕉賞我一大串，真是賺到，哈哈！

有幾次開社區大會結束後，我止走路回家，九十歲的劉伯伯騎著摩托車來到我身邊，邀我上車要順便載我回家，哇！讓九十歲的老伯伯載！太榮幸啦！我二話不說立刻坐上車，伯伯高興地一路騎，一路大聲講話，我坐在後面聽不清楚他在說甚麼，只是迎著風哈哈笑，真是開心。

伯母過世後，伯伯的身體衰退許多，請了個外傭來照顧。幾次我去探望他，他一個人忙著倒茶、拿餅乾、端水果的，時不時走到樓梯口喊外傭下來，但偶爾樓上會闃無回應，老人坐在沙發上，捶著瘦弱的腿，無奈地說：「腿不管用，上不了樓梯，不知她在樓上做甚麼？」當年為三代同堂打造的豪華宅第，現在是外傭在享用，老人不只一次表示失策。

1　1.劉世平與採訪者孟慶玲合照（照片提供：孟慶玲）
2　2.劉世平與妻小合照，當時大女兒在岳家寄養，未能入鏡。（照片提供：孟慶玲）

# 開發隊裡的抓兵：夏宗澤

口述：夏宗澤
採訪：曾碧霞

我民國十四年生，浙江麗水市景寧縣人，老家務農。兩位哥哥長我許多歲，他們好賭不務正業，十四歲時父親就讓我們分家，各自努力。父親協助我犁田，一年後，也積勞辭世，享年六十四。

我勤奮耕作一塊薄田。二十一歲那年，輪到我種植祠堂田，我擁有二頭牛、二隻豬，有餘力把媽媽接來家奉養，不需每天輪流到不同兄弟家吃飯。我有個童養媳婦，十月大就讓媽媽抱來養，小我七歲，等著我有本事了，正式成親。

但，就在那天清晨，天矇矇亮，我趕早到田裡幹活，不意就被兵丁逮個正著，送進部隊，母親看著我被抓走，呼天不應啊！

兵荒馬亂中跟著部隊跑，只知道共黨已渡過長江，我們在上海集結。民國三十七年，一路南撤，民國三十八年二月退到台灣進駐台南機場經月，又派到日月潭發電廠做維修工作。

民國四十一年移防台中水湳機場，我是二〇九高砲部隊的上士。我們就住在飛機跑道的盡頭。當時情勢很亂，怕有些飛行員想家，一上飛機就不回頭，往大陸去了。所以，飛機都是頭頂著頭，不能隨便啟動。

民國四十四年移防馬祖，凌晨二三點由基隆出海，到了馬祖要等潮汐搶灘，搬運高砲。砲有二．五噸重，全靠人力拖上山頂，才能有三六〇度的視野可射擊。我記得從第一天午後一直拖拉一門大砲，沒吃沒喝的，直到第二天下午才上到山頂，完成任務，人也虛脫了。

我先後去馬祖三次，第一回最辛苦。藥庫、營房、碉堡全都要自己開挖築建。民國四十九年回新竹機場，不久又轉桃園。到處移防，也去金門一次。

民國五十三年我終於告別軍旅生活，從金門轉花蓮開發大隊。先進駐光華，構築木瓜溪堤壩，就用現地的河床石塊，人力拖拉，搬不動的就鑽洞放炸藥，炸成小塊。小石塊築成一區區的田埂，一路整到出海口。足足做了兩三年。現在光華社區道路全是我們用石塊鋪築成的，所以特別堅實。

我來自農家，所以有空時我會去福興村協助農務，我太太的姊夫看我本分老實，就把姨妹介紹給我。我太太那時在北濱街幫人帶孩子，婚事從年頭講到年尾，她才終於點頭。五十四年底，我三十九歲總算結婚了。

民國五十五年開發大隊開發山坡地，由太巴塱到豐濱，將舊有道路拓寬。（日治時代有東海道）民國五十七年光豐公路全線通車。這期間，我們都攜家帶眷，在太巴塱山上蓋茅草房安身，五十五～五十七年長女、次女分別在太巴塱出生。茅草屋潮濕，不時有毒蛇蜈蚣出沒。有一回，老大發燒，我連夜帶她到吉安慶豐求診。赤尾青竹絲就爬到我家蚊帳上，吐著蛇信，嚇得我太太抱著老二，整晚沒敢闔眼。但生活雖艱辛，一天辛勤完，終究是有妻女環繞的溫暖！

我們屬第一中隊，約有四百多人，分忠孝、仁愛、信義、和平四小分隊，我屬和平小隊。每月兩百元，太太買菜錢四十元。民國五十七年光豐公路開通，回到光華整理農地，老三是長子，在光華出生嘞！

民國五十八年二月，我正式退伍。過去薪俸微薄，但終究每月有收入。現在得靠自己了。政府給了一甲地，全都是河床沙石地十分貧瘠，我到月眉買土用牛車拖回來填埋，開發隊有時也提供車輛協助搬運。我試著種稻子，也種些蔬菜：小黃瓜、番茄、辣椒、花生、瓠瓜交給農會，共同運銷。那時還沒有農機，下田全靠人力。插秧時幫其他村子挑秧苗，也到紙漿廠打零工，一天工資四十元。

我擔任十二年水利會光華村的小組長。這個職務是第一任村長劉世平交給我，我再移交給現任村長葉光南。農忙時要注意水源的分配，颱風天、雨季，要管水門，注意每個溝渠的暢通。

民國七十九年六月歐菲莉颱風由秀姑巒溪入口，強風豪雨，是花蓮三十年來最嚴重的風災！木瓜溪上游土石流，銅門村慘遭掩埋，三十一人罹難。位在木瓜溪出海口的光華村，堤壩被沖垮一百多公尺，泥漿、礫石全灌入農田。修堤重建，記憶深刻！如今河道分流整治，光華已不再有淹村的恐懼了。這期間我因功，兩度受邀去總統府參觀和總統照相，這是生平極光榮的事！

政府開放探親那年我們夫妻就返鄉了，總共回去十二次。媽媽據說在大饑荒時期活活餓死了。兄長也都過世，只能見第二代。童養媳妹子他嫁，相見如隔世！開放當初，家鄉還是泥巴路，現在從浙江機場下機，高速公路一路通到麗水市，轉搭公車即可到景寧，聽說這幾年政府花錢幫村民蓋三層半的透天國宅，故鄉跟兒時完全不同了。

償了宿願，我有二十年沒回景寧了。我在台灣成家，養育子女成材，他們不再需要我操心，我有餘力，常捐款給東里黎明啟智中心，天祥禪光育幼院，幫助孤兒和身障者。我們兩老現在的責任就是把自己身體照顧好。我每天打槌球，有一群同好，常參加各鄉鎮的比賽。大家都說這是長壽之道！

民國一〇九年六月十九日採訪完稿

## 採訪後語

第一次拜訪夏伯伯，我們好大陣仗：石理事長、孟慶玲老師、夏伯伯的侄孫女杜曉英同往。因夏伯伯重聽，又鄉音重，需要有人翻譯。後來幾回，都是曉英陪同。面見長輩，不免俗地帶個伴手禮，但夏媽媽堅持不受，非要把我的茶葉退回，說他們不喝，留著糟蹋了。但，每回約了時間到達，夏媽媽早就泡了濃濃的茶等著我們，殷勤勸進。我們離去時，快一百歲，身體依舊健朗的夏伯伯必送我們到前庭，目送我們直到見不到人影。這位謙謙君子：清心寡慾，慷慨樂施，娶妻賢良，子女孝養，正是他的長壽淵源吧!?

1/2 1.夏宗澤和採訪者曾碧霞（照片提供：曾碧霞）
2.右到左：孟慶玲，杜曉英當翻譯，夏伯伯，夏媽媽，曾碧霞。（照片提供：曾碧霞）

# 剃頭師從軍：樓能橋

口述：樓能橋
採訪：孟慶玲

我民國十五年三月二日出生，是浙江省諸暨縣人。家裡務農，生活很苦，只有我一個男孩，姊姊妹妹都送給別人養。記得小時媽媽生病，家裡常常吃了這一頓不知下一頓在哪裡，天冷，就拿簑衣當棉被蓋。九歲時母親逝去，十四歲時父親也往生。我孑然一身，學會理髮，到五里路外的村子裡，挨家挨戶幫人理頭，光頭、平頭、西裝頭都理，那時一年理頭的費用：男人每個成人二斗米，小孩一斗米。女人都自己綁頭髮，不理髮的。

十五歲時日本人來了，常常征民伕出公差，開馬路，一征就兩三個月，有給飯吃，但是動作慢了，或身體不舒服就會被狠打。女孩子如果被日本軍看到，一定被抓去強姦，反抗就一刺刀從陰部亂捅下去，非常殘忍。

日本人走了，八路軍來，還是沒飯吃。但八路軍很會做表面工作，幫老百姓挑水、打掃，很得民心。國軍來就不一樣，除了分食老百姓的農作，還拆人家的門板當床睡覺，兩相比較，大家都喜歡八路軍，但等到國軍失守，八路軍勝利時就開始清算鬥爭，叫苦已經來不及。

我二十三歲，民國三十八年，被抽丁當兵打八路軍，從浙江到江西再到廣東，三十八年的五月，第一次打仗，拿槍打共匪，心裡非常害怕。聽到八路軍那邊在喊：「同志們哪！不要打了，我們自己人啊！過來我們這裡吃飯，你們肚子餓了。」隊長騎在馬上，用望遠鏡看了看，我們的營長就喊著：「上刺刀！衝啊！」號兵立刻「滴滴搭、滴滴搭」吹起號角。我聽到號角聲就發抖，上刺刀硬著頭皮拿槍往前衝。俘虜到兩百多個八路軍，其中有七個是女兵，我們大勝，佔領了廣東平遠，農曆快八月時，八路軍從江西增援，平遠又失守，我們一路撤退，三天吃一頓飯，到了汕頭，兵分兩路，一路到定海，一路到台灣。我跟著十萬大軍到定海。

三十八年十一月三日佔領定海，三十九年五月定海又撤，才到台灣。

這之中我兩次差點被槍斃，還好都活下來了。

第一次是三十八年，部隊到江西時，有三個人開小差逃兵，其中一人還捲了公款。捲款的被槍斃了，另外兩個逃了，我被冤枉說知情不報，有說要槍斃，還好後來打屁股十多下沒事。

第二次是三十九年在定海，班長要我到二十里路外去買菜，我跟朋友訴苦，他說他幫我買小菜，我只要買主要的大菜就好，幫我分勞。沒想到他去偷菜來賣我，老闆跑到部隊喊：「阿兵哥偷菜」，我說是買的，營長又打我十多下屁股，關禁閉。副官知道了，要拉我去槍斃，我大喊冤枉，排長趕過來阻止，和副官吵架，才沒事。

兩次死裡逃生，驚險難忘。

三十九年五月坐船到基隆，言語不通，受排擠，很想回家。最初在桃園，四十一年十一月初到鳳山步兵學校，遇上大颱風，晚上草頂土壁的營房垮了，只有三人逃出，其中我還背著另一個人跑出來，我跑到大馬路上，有大卡車，我請駕駛兵用車燈照著我們營房，用刺刀挖門把，挖土牆，救出二十多人送醫，死亡三人。我還跑步去報告連長，請求救命。這件事，隊長在台上表揚我，犒賞我二十元獎金，當時一個月的薪餉是十二元。也因為如此，我才能加入國民黨。

五十三年十月十八日到開發隊，先到志學，墾地，也幫人理頭。

五十四年結婚，太太是玉里人，育有三男三女。

五十八年來光華，我自己蓋房子，種甘蔗五甲地，租別人不種的田來種，採收時糖廠會來收購，日子還過得去。白天工作，晚上要放水灌田，相當辛苦。幸好孩子們都爭氣，現在都在花蓮市區裡開素食餐廳，不必我操心。

兩岸開放後，我有回大陸九次，有見到妹妹。

回想我兵戎一生，能平安走過來真不容易，而我覺得這輩子最得意的，是平日在部隊中，有聽大家在講醫病的時候，我都特別努力記住藥方子，很高興能夠救人：

（一）有六對不孕夫婦用了我的藥都生了孩子。

（二）有腰痛的，我開了藥，都好了。

（三）有胸口內傷的，我開了藥，也給治好了。

我雖不懂醫術，但記住良方解人病痛，是有功德的，我始終堅信自己心要正，拜菩薩必能受到庇護。

民國一〇六年七月採訪完稿

## 採訪後語

樓伯伯最津津樂道的是他收集來的藥方子幫助了很多人，但我知道住在旁鄰的老軍醫怕他出事，經常在阻止他開方子，總是說人命關天，大意不得。但他仍然一貫的熱情強力放送藥方，兩個老人也三天兩頭就吹鬍子瞪眼睛的鬧意見不和，甚是有趣。幸喜目今醫藥資訊發達，老人的古道熱腸可能比他的藥方更有療癒效果吧？

1/2

1.樓能橋當選九十八年度模範長者與鄉長田智宣合照（照片提供：孟慶玲）

2.樓能橋耆老正在簽名（照片提供：孟慶玲）

光華農場場員

# 打漁郎變水鬼：李興智

口述：李興智
採訪：孟慶玲

我民國十六年在浙江省定海縣舟山島出生。家裡打漁為生，除了爸爸、媽媽、我、兩個弟弟、一個妹妹，還有兩個叔叔，和兩個漁工，大家住在一起。家裡有一艘漁船，每當出海時都是十幾艘船大家一起出航。

三十九年政府退守，阿兵哥四處抓丁，家裡的男丁都被抓了，我、兩個叔叔、兩個漁工、還有一個打工的，都被抓去挑彈箱，先在一個大廟裡過夜，然後就上船，到基隆靠岸。當時上層有諭旨：原兵下船，被押來的要綑綁了才一個一個走下船。我就是被用繩子綑綁著走下船的。那年我二十三歲，已經訂婚，差一個月就要結婚，被抓丁就什麼都斷了。

上岸後到了八十四師，是開發隊，分發到傘兵營，第一次跳傘迷迷糊糊，一千兩百公尺什麼都看不見，後來越跳越低，因為是低空飛行，也越看得清楚，最後是六百公尺，傘一開就到地面了。那時的任務是要從緬甸、雲南反攻大陸，出發前已經被關著等待，後來聽說是美軍阻擋，蔣公就說不打了，才被放出來。回八十四師，每年要回傘兵營去復訓一星期，一年有補助二百元營養費。

後來調到馬祖當水鬼——兩棲偵搜，出任務到對岸，兩條艇，一艇十二人，共二十四人，黑夜大霧，艇停了後，二人留守艇上，領隊帶我們二十二人泅上岸摸哨，每人一把飛刀，可彈二十公尺，刀在人在，刀不在回去就判刑。我們手上都綁有電極板，有電線相通，若被俘，立刻按鈕自裁。那次上岸後，先用飛刀刺殺衛兵，再摸人營房殺掉全營的兵，割下耳朵，串在腰間的鐵線上帶回來。這之中要特別注意：殺人時，切莫看對方的臉，以免鬼魂上身。接著綁引線，炸他們的彈藥庫。點燃引線後，跑沒二百公尺，就聽爆炸聲響，火光如同白晝，對方也開始反擊，槍林彈雨中，抬頭看我們在海中的艇也被他們轟掉了。當時有兩個同伴受傷，立刻被情報中心人員接走，其餘的我們游泳回來，子彈一直在掃射，我的小腿肚被射穿，最後游回來的只有兩個人，我是其中一個。二十四人只存活四個人，包括情報中心送回來的兩個。

除了摸哨劫營，有時也劫匪船回來，賞金很多。

我在馬祖兩年，回到台灣跟著部隊跑，後來跟開發隊到志學挖石頭，石頭挖起來築堤防，造田。後來到南平，我已四十歲了，準備退伍，也想成家，曾經有人介紹姑娘給我，姑娘竟然嫌我殺過人，不肯嫁我。我很生氣，阿兵哥出任務打仗，哪有不殺敵人的道理呢？我不殺敵人，還能是阿兵哥嗎？

幸好民國五十六年我還是娶到太太了，那時在南平，我有客運月票到花蓮，和電影月票，常到花蓮看電影，有一個小孩每次都向我要兩塊錢，有一次我就跟著他回家，看到他媽媽在賣麵，聽不懂我講的話，就叫她先生出來，原來是老鄉在公家單位做事，聊得很高興，知道我還沒成家，就幫我作媒。太太是太魯閣族姑娘，當時才十六歲，丈人上山伐木受傷，躺著不能動，丈母娘開口要一萬六千元聘金，當時最大面額的鈔票是十元鈔，二百五十台斤的一頭豬肉不超過五百元，一萬六千元是天價啊！我跟丈母娘說：「這麼多錢都給妳，妳女兒嫁過來還有飯吃嗎？」後來才降到一萬兩千元當聘金，一箱用繩子綁的小米酒，和一箱繩子綁的醬油當聘禮，喜宴後就把太太娶回家了，太太的嫁妝有一座衣櫃、一輛腳踏車、一張桌子、兩個凳子。幫我生了三兒一女。

民國五十八年我退伍，來到光華，當時一村二村和四村，是早期由阿兵哥用石頭砌成的房子；五村是由公家用磚蓋的。很小一間，擠一家大小六口人。有分配到六分田地，地都是沙石，種不出東西，後來公家有挖山上的土來填，才比較能耕種，平常我自己插秧，插好秧就出去當泥水工，幫人蓋房子。也撿水泥袋來賣，一個一塊錢，很搶手。油桶、罐頭的價錢也不錯。太太在家顧小孩，種一些菜，養一頭豬，後來養雞。生活還好，不苦，有大米飯吃，不吃地瓜。

我回舟山有十多次。第一次回去時穿著工作服，體面的西裝藏在箱底。兩個弟弟當那邊的幹部，不知忙什麼見不到人，兩個弟婦不給我進門，叫我在門外從早上等到傍晚，不理不睬，鄰居去告訴我妹，我妹從好幾里外飛奔過來，兩個外甥提起行李，就接我去她家住。妹妹一家待我很好，我騙她說沒有錢買回台灣的機票，她還幫我把機票都買來了。我知道她是真心看待我這個哥哥，就回贈給她很多美金。後來我回舟山都去妹妹那裡，也幫爸媽修好了墳，妹妹也有來台灣看過我。

回想我這一生來到九十多歲，有兒有女，連孫子也有了，爸媽的墳也修了，妹妹也重逢了，無牽無掛的。覺得很心安，很好。

民國一〇八年十月三十一日採訪完稿

## 採訪後語

來光華第一個認識的老兵伯伯就是李伯伯。那時我從壽美家推了一袋肥料要去我田裡，推得踉踉蹌蹌，半路上李伯伯搶過我的推車，頭也不回的直推到我田裡，手揮一揮就走人了。

後來我每天要去田裡都要經過他門口，他看我一天無數次的走來走去，就伸出手說：「鄒果賴有鄒郭取，錢！買魯錢，那來！」我也伸手說：「五塊錢，買路錢給你。」他大笑，我也邊跑邊笑著回家。

李伯伯常看我在田裡忙，卻摘不回一棵菜，就笑我：「妳種的一地草哇？」常會給我一條菜瓜、一顆瓠瓜的。李伯伯的小兒子李定孝很愛釣魚，他常把多的魚鱉丟我池裡，讓我池裡水族興旺。

李伯伯這樣一位和善可親的老人，真沒想到年輕時卻是驍猛善戰的水鬼！

李定孝這樣一個愛釣魚的年輕人，原來他們的祖祖輩輩都是打漁郎！

感謝李定孝全程陪同翻譯，讓我們有幸能突破伯伯的濃重鄉音，聽得寶貴的精彩故事。

1/2

1.李興智與採訪者孟慶玲合影（照片提供：孟慶玲）

2.李興智與妻湯月琴於民國五十六年結婚（照片提供：孟慶玲）

# 老軍醫的金門炮戰：朱樹鑑

口述：朱樹鑑
採訪：孟慶玲

我是民國十六年生，家鄉在江蘇省東台縣。我家是大地主，有一百多畝的田地，平常交給佃農去種，過年過節他們就會送雞或食物過來。我有三個媽媽，我親生媽媽生了我和弟弟之後死了，後來二娘在生產時血崩也死了有留下一個妹妹，三娘後來又生了三個弟弟。

共產黨到我們家鄉的時候，我們變成他們清算的對象，土地分給別人，財產充公，我爸帶全家逃難，投靠到有國民黨部隊的地方。後來國民黨組織返鄉團，鼓勵在外逃難的人打回家鄉去，我爸跟著返鄉團想回東台拿東西，但國民黨戰敗，我爸被抓，當時就被槍斃了。我與媽媽、弟弟就分散了。大家都沒東西吃，聽說媽媽帶著三個小弟弟又返回東台，我和大弟跟著部隊跑，打游擊，下鄉掃蕩，抓到共產黨就槍斃，我們如果被他們抓了，也是被槍斃。我們當時不是正規軍，但不脫離部隊。我總共只當了兩個多月的自衛隊，因我視力不好，不適合打游擊，就正式加入國軍，大弟仍繼續打游擊。

我從上海跟著部隊坐船來台灣，在基隆上岸，再到高雄鳳山，那是三十八九年間的事。剛來台灣時看台灣女人戴斗笠、穿裙子、穿木屐，跟大陸女人很不一樣。大陸女人綁頭巾、穿長褲、穿布鞋，上廁所時，會把頭巾解下來掛在門板上。

那時蔣公有一個口號：一年準備，二年反攻，三年掃蕩，四年成功。我們都隨時準備要反攻回去。我從鳳山分配到台北野戰營，後來到衛生連當看護，幫忙打針、看病、拿藥。

民國四十三年我從台灣到金門，九月三日下午開始，中共從廈門瘋狂向金門轟炮。因為是下午西曬，我們的裝備在陽光下閃閃發亮，變成靶心，炮彈幾千枚像下雨一般射過來。我是衛生兵，緊守護理站，弟兄們運送過來的傷兵，我們要給止血、包紮、急救、後送。記得當時有位連長，被抬過來時雙腿都沒了，我們也是趕快幫他處理，然後後送。炮戰一直延續很多年，我民國四十五年從金門返回台灣。

民國四十九年我被送到大金門，有天傍晚我和同僚沿著海岸線散步，走了很久，剛回到碉堡，突然天邊一片通紅，好像剛下山的太陽，突然又升上來了，接著就是震耳欲聾的炮聲轟炸過來，中共六百多門砲朝金門打，密集打十五分鐘，休息十五分鐘，再打十五分鐘，再休息十五分鐘，總共3 game。那天是民國四十九年六月十七日，美國總統艾森豪訪台，密集的炮擊是中共給美國的回應。再過兩天是六月十九日艾森豪返美，中共還是準時開炮，也是3 game，回應美國的訪台。這是我參與的兩次炮戰。

我當衛生兵有去受訓，有軍醫資格但沒有行醫執照。那時給病人打盤尼西林都要做皮下試驗，沒反應才能施打。記得有一次病人皮下沒反應，正式打卻有反應，趕快給他用解藥，打強心針，加強血液循環，還好最後救回來了。

台東的開發總隊成立醫務所，我在那裡當代理醫師，前後共六年。五十七年在台東結婚。五十九年來到光華，那時張元清、朱家鍇想在壽豐農場的光華分場成立醫務所，請我當醫師，但我因為沒有執照，人命關天，就拒絕了。

來光華有分配到土地，我帶著一家好幾口人餵牛——當時五戶一頭、餵豬、種田，很苦沒法過活。又去下美崙的肥料廠打零工，一天三十元，是化學肥料廠，我們去裝袋、混料，錢太少，沒做多久，就又去紙廠作工，作了一兩年紙廠倒了，工錢也沒拿到。就到處打零工，有去中華紙漿廠作工，非常臭，紙漿發酵的味道受不了，頂多作半天就撐不下去了，我太太給我送飯去，我說不用送了，回家吃就好，環境太差無法作。有一陣子也曾去西林中國石礦廠當礦工，挖寶石，挖到有工錢，挖不到有給飯吃，但不給工錢。作三個月左右就沒作了。又去聯合報社當推銷員，全省跑，吃住都自己要出，有時候好不容易有人答應下訂單了，等送報生送報去的時候，對方又說不訂了，錢又拿不到。後來到地磚廠，我負責站在機台上面打平磨光，按件計酬，磨一塊磚三毛，收入比較穩定，做了三年。後來到桃園縣內壢塑膠籃工廠做工，太太也一起去，收入不錯，那時大女兒已經高商畢業在當會計，孩子都比較大了。可是沒幾年太太又懷了小女兒，我就辭職回家幫忙太太生產。以後就沒再出去做事了，只在家種田。

現在大女兒當會計，二女兒在食品廠工作，兒子在建築公司監工，小女兒也大學畢業在外貿公司賣衣服。

我七十五年開始陸續回大陸四次，從東台回到家還要八十公里，有看到兩個弟弟。

我目前老農津貼每個月有七千元，18％每個月也還有二千元退休金，還有田地的休耕款，日子過得去。太太小我二十五歲，孩子們大了之後，她參與社團非常活躍，迷失在外面的虛華裡，再也不回家。我顧念她幫我養育孩子，無論功勞還是苦勞都是有份的，也就一直沒去辦離婚，門還是開著，等著她哪一天願意回來。我自己每天就門口走一走，連龍巖納骨塔都安排好了，無憂無慮了。

回想起我這一生，家破人亡，顛沛流離，但再怎樣苦，我也不允許自己輕易欠別人錢。但在爸爸被槍殺，媽媽和弟妹都離散，我跑到上海去的時候，為了生活曾經拉過黃包車，租了個地方住。有跟房東借了兩斗米，沒還就從軍打游擊去了。這事我一直放在心上，幾次回大陸，想要找老地方都找不到，兩斗米就一直欠在心上，不能還給人家是我這一生最大的遺憾。

民國一〇六年十一月四日採訪完稿

## 採訪後語

午後兩點，九十多歲的老伯伯們陸續走出家門，有的拄著拐杖，有的騎著摩托車，有的開著電動車，都一臉喜悅地往慈安宮前進，他們每天在這裡喝茶聊天，互相傾訴，互相聆聽。我找到這個地方，驚喜發現了好幾位國寶，其中朱伯伯在焉。

朱伯伯在民國四十九年的大佘門遇上中共六百多門的炮轟，是因為美國總統艾森豪訪台；這與近日美國議長裴洛西訪台，中共二十一架次軍機擾台，相隔六十二年，行徑竟然完全一樣。

獨居的朱伯伯秉持軍人本色，過著簡單規律的生活，把自己打理得清清爽爽的。常常看他騎著摩托車外出購物，耄耋的他，心裡還有夢的，有些事雖屬無奈，卻還是可以被祝福……。

1.民國五十七年朱樹鑑在台東結婚（照片提供：孟慶玲）
2.左為夏婉雲，中為朱樹鑑，右為孟慶玲。（照片提供：孟慶玲）

# 打韓戰的香蕉伯：王鳳起

口述：王鳳起
採訪：孟慶玲

我民國十七年十二月二十五日生在山東省歷城縣。是家中獨子。家裡務農，種些包穀、高粱、小米、豆子。我爸爸王學禮，媽媽陳氏。大叔叔王學義，小叔叔王學信。

我出生的年代，國家處於戰亂的狀態，內憂外患層出不窮，我小叔叔在我五六歲時，因為革命被抓去砍頭。當時被告誡這是極不光彩的事，不敢多問也不敢對外張揚。但小叔叔未婚而亡，後來分家產時是由我繼承我爸和小叔叔這兩份。

我家鄉先是日本人來，把小學老師都抓走了，我們沒學校可上，也不識字。後來共產黨來了，講究「開明地主」，就是要人捐地，可免鬥爭。我家幾十畝地也因此捐掉了一大半。

說到我的從軍，那是最典型的「三分動員，七分強迫」，民國四十年正月十五日，我永遠不會忘記的日子，有公部門的幹部拿槍到家裡來抓我從軍，爸媽眼睜睜看我被帶走，我爸告訴我的最後一句話：「有路你就走，不要回頭想著家」。

我被拉上一輛大貨車，兩扇大門一關，被送到火車站，上了火車，車上都是一般大的男孩，大餅一丟，車門一關，我們被送到了安東。在安東換上軍裝，番號六〇軍，渡過鴨綠江到達平壤，我們幫北韓往南打；而美軍從仁川登陸，幫南韓往北打。我們什麼都沒有，一身帶帽軍用大衣，下雨是雨衣，睡覺是睡袋，每人兩顆手榴彈，兩袋炒花豆，兩疙瘩防毒氣保命用的蒜頭。我們是被送去當炮灰的。

韓戰是民國三十九年六月二十五日開打的，我們四十年初上戰場，美軍火力強大，炮彈每天在頭上飛，而我方只是人海戰術，武力薄弱，防禦工事也只是隨便挖挖，我們的班長是伙伕充當的。當時如果被抓，美軍那邊給人坐水牢，天寒地凍還泡水，很殘忍。

我心中始終記得我爸教我要「有路就走」，一定要活下去。所以我們一組四人就偷溜下山，到大馬路上，專找美國人跑過去，舉手示意投降。我們被送到了聯合國的戰俘收容所，就在南韓的濟州島。

雖然我們是隸屬於聯合國的戰俘，但是要幫美軍做事，做一些粗重工作，在語言上美軍聘請來自台灣的賴名湯——後來空軍一級上將——當翻譯。在濟州島三年，總共有兩軍——七十二軍和八十六軍，我是八十六軍的，受賴名湯很大的幫助，我們都一心想跟隨他到台灣。不過當時交換戰俘，也是有人選擇回大陸的。

但戰俘的遣送是沒有台灣這選項的，因為台灣是中立國沒有參戰。可是我們一心就是想要到台灣，別的國家我們就是不去，聯合國派車來接，我們都跑去寢室睡覺，沒人要上車。後來賴名湯回台請示老蔣總統，安排老蔣總統半個鐘頭的擴音器廣播，他一開頭就說：「忠貞愛國的義士們」聽到這一句話，我們都忍不住抱頭痛哭了。像孤兒找到了親娘，多少的委屈痛苦啊！多少的恐懼驚惶啊！都在這句話裡得到了撫慰！流不止的淚！刻骨銘心的歡喜！

後來老蔣總統和聯合國商議就接受了我們一萬四千個戰俘，聯合國本來要分三天三梯次遣送，但我們不肯，一定要一天一梯次全部一起走。從仁川上船，基隆下船，心中非常的歡喜。那年是民國四十三年一月二十三日，一二三世界自由日，就源於紀念我們這批戰俘的重獲自由與新生。

到台灣我們的身分是「義士」，住在楊梅山頂的「反共義士村」。之後我被分發到空軍，一年台灣一年外島，輪流調動，一方面管理發電機，一方面也做反共宣傳，給士兵打氣。除了澎湖和高雄之外，我全部都居住過。

民國五十年我退伍，退輔會有安排內壢工廠的就業輔導，但錢太少，我沒有去。我在基隆的醬菜廠跑業務，推銷醬菜。那個年代大家都早餐吃稀飯配醬菜，我們廠裡有八個跑街的，我一個人接的訂單比他們全部加起來的還多，因為我在部隊裡有偷偷學會講台灣話，對我跑業務很有用。我跑眷村、跑港口，大船出海一次的醬菜量就很大，我的業績非常好，一個月可到達八九百元。但也受到別人排擠，但老闆對我還不錯，所以後來我自組醬菜公司時都接台北的訂單，盡量不要跟他搶客人。

後來我去東方麻油廠，還是跑業務，成績很好，月薪可達二千六百元，比別人多跑了夜市，要等夜市打烊才去結帳，弄得很晚，還經常跑宜蘭羅東，甚至遠到花蓮玉里，，可是一天到晚在外面跑，經常超過宿舍關門就寢的時間，造成管理單位的麻煩，他們就造謠說我不檢點，在外面「玩」，夜不歸營。老闆因此當面叫我不要「玩得太過火，要注意身體」，我跟老闆解釋我的訂單很大量來自夜市，一定要等人家打烊才能結帳，而且我都一大早就把帳單送出去了，所以我深夜是在工作，並不是在「玩」。老闆很嘉許我。但是我之前醬菜的顧客還是繼續在跟我買醬菜，我就麻油和醬菜一起送，因此引起同事檢舉我，我也因此想辭職不幹了，自己開公司去。老闆很捨不得我，要我自己找好代理人才准我離開。

後來我就開了「亞洲醬菜公司」在基隆東明路四十五號。我從來不午睡，就眷村、船公司、夜市來回跑，生意很好，但基隆的路實在狹窄，卸貨很困難，屢被卸貨員敲詐，所以就搬到台北的三重，有兩棟樓房，一棟三層、一棟五層。現在我兩個兒子留在那邊管理。醬菜做到民國七十一、二年也收起來了，生意不好，那時期早餐開始流行吃豆漿饅頭，稀飯醬菜漸漸少人吃。

太太是透過軍中友人認識的，期間因為丈人不喜歡外省軍人，而那時因我不會寫信，所以我倆藉由友人聯繫了五年，太太不顧父親的反對嫁給了我，跟著我吃苦，我非常感謝她。

這之中我太太在皮革廠傷了手臂，送去榮總，醫師要給她截肢，我不給截，大吵一架，後來找到一位拳頭師，慢慢給她喬，也喬好了。還好當初有堅持不給截。

醬菜公司收了之後，我去開計程車，七十三年收到退輔會通知到台電報到，但我去的時候，台電說他們用人只到五十五歲截止，我已超出一歲了，退輔會又問我給地種菜去不去？我說好，就到壽豐農場報到，以專案分配到光華分場來。

到光華分到八分地，我很勤勞又往海邊開了不少荒地，有人眼紅硬要我開好的地，我說地給他種可以，但他的地也該給我種，鬧到場部輔導員三不五時就來警告我不可以開墾公家土地。後來我的地全都劃入工業區，政府來徵收，本來是九十萬就要打發我，幸好舊長官知道這些農地以後都會放領，教我不要拿錢，而要求「以地易地」，於是換來一甲地，又去租了七甲，我買三台大型農機打地、收割都方便。場部主任推舉我去選農民代表，選上了、一當就當了二十年的農民代表。

公家輔導的是種水稻，一分地以一百斤稻穀收購；也種包穀，這邊曾是包穀專區，公家會來收購，一斤五元；也種甘蔗，也都會有人來收購。後來包穀專區取消了，公家跟美國買，不來收購了；甘蔗契作也取消了，沒人來收購。農地放領後，我賣掉七分地，給兒子在大陸做投資，剩下三分地，不知要種什麼，很是灰心。幸好遇到貴人，給我明燈指路。

那是在朋友家吃春酒時，在座有一位山東老鄉，在楠梓加工區當指導，他建議我種香蕉，他可以傳授我冷藏加工技術，不用防腐劑，可放六個月，用酒精催熟，又香又漂亮。於是我開始種香蕉，也到壽豐、玉里去收購，以公斤買，以台斤賣。我每天早上五點起床，六點就在重慶市場賣香蕉，一早上可以賣到五、六十籃。下午就四處去看哪裡可以收購，一賣就賣了三十年，大家都叫我「香蕉伯」。

現在老了，每天就是到隔壁超商買份中國時報，看看報紙，看看電視，有時開車帶老妻到門諾醫院看病。我也不想麻煩兒女，百年之事，龍巖塔位我已經幫全家都準備好了。我二十年農民代表，跟著農會去過很多國家參訪，就是沒回過大陸，爸媽都走了，有個弟弟在我走後兩年出生，有個妹妹我走時她才八歲。我有寄錢去給他們，感謝他們代替我盡孝道。但後來弟弟不斷來信要錢，我感覺是個無底洞，就不再理他，也沒有回過家鄉。爸爸說：「有路你就走，不要回頭想著家。」我永遠記得這個話。

民國一〇六年十月三十日採訪，一〇八年十二月完稿

## 採訪後語

王伯伯跟村裡的其他老兵不同，很有自己的想法。看他打韓戰敢投降美軍；軍中禁講台語，他偏偏私下花錢請人教他說台語；半夜跑業務，不惜耽誤宿舍關門時間……他不墨守成規，又絕頂聰明，能趨吉避凶，所以生意做得好，不管是之前做醬菜，還是後來賣香蕉，都能做得有聲有色，是個懂得生存之道的鬥士。他一直遺憾沒上過學，不識字，這真是時勢造成的命運，否則以他的聰慧，若晚一個世代出生，一定不是這樣的成就而已。

1 / 2

1.王鳳起在自家園子（照片提供：孟慶玲）

2.王鳳起與採訪人孟慶玲合影（照片提供：孟慶玲）

# 韓戰砲灰：顧中來

口述：顧中來
採訪：孟慶玲

我民國二十四年四月出生在四川省中江縣鄉下的農家，有三個哥哥，兩個姊姊。哥姊都有上學讀書，但輪到我上學時，局勢很亂，連名字都還沒學會就輟學了，在家幫忙打雜，生活很苦，父親除了務農也編席子作副業，那時比我家苦的還很多，有一天媽媽又抱一個小弟弟回來養，就是因為他親生父母活不下去，才把孩子送人。

我十七、八歲時韓戰發生，共產黨幫北韓打美軍，每家都要有人去當人民自願軍，兄姊都已成家，就由我孤身代表前往了。

坐飛機渡過鴨綠江到達北韓，由連長排長帶著，一個個山頭跑，發現美軍就打。我們每人一枝步槍、一百發子彈、四個手榴彈；美軍的裝備比我們要好，他們每人有兩枝槍，都是新型的好槍。當時我們採人海戰術，由排長帶著一排一排上山，前仆後繼，不斷遞補上去。有一天在槍彈掃射中，我們全都中彈死了過去，美軍來清運的時候，發現在僵硬的屍體堆疊下還壓著一個柔軟的傷兵，那個就是我，被送到醫院搶救，過了三天才清醒過來。我的左肩受了嚴重的槍傷，打石膏，繃帶綁了兩年多；腳踝也中了一槍，不能走路；額頭被子彈擦過，在地獄門前走了一遭，總算又活了過來。但我在聯合國醫院裡治療，算是俘虜，韓戰結束後，擔心回大陸會被判刑，所以就決定跟著大夥來到台灣。

坐了三天兩夜的船，美軍的飛機一路盤旋護航到台灣，先到林口三個月，編入部隊三十三師，到金門一年，也在台南住過，後來經身體檢查，有嚴重的槍傷後遺症，不宜繼續軍旅生活，因而辦理退休，但連長說退休生活會很苦，不如加入開發隊，跟著團隊走，有得吃，還有田種。所以我就跟著開發隊修堤，後來娶了妻，在光華農場也分到了一甲地，住在老五村。

妻子比我大四歲，她帶來前夫兩個兒子跟了我的姓，她也幫我生了一兒一女，除了種地，我也有到紙漿廠掃地打雜一年多。因為我的地在工業區內，後來政府徵收補償了一千三百萬，老妻把錢分配給了四個兒女，也在慶豐買了房子。我親生的兒子從軍，升到非常高的軍階，但我年老又不識字，時間又那麼久以前，我都記不清楚哇！後來我那個寶貝兒子聽說在軍中死了，我也搞不清楚怎麼死了？老妻也生病死了，慶豐的房子也賣掉了，我現在住在這裡——南海十一街，房子是我自己蓋的，但地是公有地。

我回四川老家兩次，父母哥姊全都沒有了，只剩抱來養的小弟弟還在。第二次回鄉時，一個老鄉女孩硬要嫁我跟我回台灣，我一直推拒不得，但是有了小孩，只好娶她，現在小兒子已經服完兵役，有了工作，但這幾個月因為武漢疫情影響，百業停頓，兒子沒去工作在家休息，與我住在一起，我吃什麼他就吃什麼。他的媽媽跑了，在東大門夜市賣東西，她還年輕，不肯回來，我也沒辦法，無奈啊！

我目前公家還有照顧我，給我吃，每月有一萬四千元，克勤克儉日子還過得去，何況兒孫都有了，年輕人也用不著我擔心。我雖然走路不方便，但有買電動四輪車代步；耳朵雖不靈光，也還可串串門子，到處聊聊天，快九十歲啦！哪天要走就走了，沒什麼牽掛。

民國一〇九年十一月採訪完稿

## 採訪後語

顧伯伯是打韓戰的，他其實是家裡的小兒子，五個兄姊都有上學識字，偏偏該他上學的時候沒學可上。韓戰徵兵，明明上有三兄，然而選去當砲灰的卻是他，他都逆來順受，口氣裡無怨無尤。

他在死人堆裡被美軍救活過來，我問他：「你已不省人事，美軍怎知你沒死？」他笑笑說：「死人都僵硬，像木頭；我是軟的，一摸就知道沒死。」

來到台灣。跟著開發大隊修堤，在光華農場落腳，分配到老五村，因為劃入工業區，拿了賠償金一千多萬，自己到慶豐買房子住。顧伯伯的故事讓我弄懂老五村、新五村是怎麼一回事，原來老五村劃入工業區拆掉後，又另外擇地蓋的眷舍叫做新五村。

顧伯伯賠償金都讓老妻在支配，親生大兒子從軍死了，老妻也死了，他都推說不識字，不清楚怎的一回事。最後他又搬回離農場最近的南海十一街，住在公有土地上自己搭建的小屋裡。回鄉再娶的年輕陸配跑了，但以耄耋之齡能與二十多歲的小兒子住在一起，或許就是他以順處逆，不與人爭，老天所獎賞的福份吧？

1 | 2 1.顧中來在韓戰中肩受重傷（照片提供：孟慶玲）
2.顧中來（右）在南海十一街自己搭的小屋裡接受採訪。（照片提供：孟慶玲）

# 光華農場技師：黃鼎隆

口述：黃鼎隆
採訪：孟慶玲

我民國三十三年出生在鳳林，家裡務農，有三個哥哥，兩個姊姊，我排行最小。大哥在日治時代跟著日本醫生當學徒，日本人撤離時他跟著東家去了日本，就再沒回來過，我這一生也沒見過這位傳說中的大哥。我父母都是老實人，很好相處，體力不錯，記憶中，家裡有牛車，牛是耕田用的，不下田時父親常幫人載貨，賺取工錢，改善生活。

我小學畢業，考上鳳林初中，成績不錯，讀的是挑選過的精英班，都沒被淘汰過。初中畢業大家都去考師範，因為有公費，畢業又能分發學校，工作穩定，是很熱門的選擇，但我師範沒考上，準備留在家裡幫忙農作，家裡兩個哥哥也都只有小學畢業，就出來工作了。二哥建議我與其留在家裡作農，不如去考農校，求取更多的農業知識與技能，好改善家庭環境。我因此報考花農，考上了。

在花農讀的是「綜合農藝科」，記得課程有：農藝、森林、園藝、畜牧、農機、土地測量……等等。畢業後服兩年兵役，退伍後經人介紹來到國軍退除役官兵就業輔導委員會管轄的花蓮農場光華分場，當技術員，也算是學以致用，是正科班出身的專業人員，但因是臨時雇員的職缺，只服務一年合約就到期了。再轉到花蓮住宅合作社，籌備買公有土地，蓋住宅出售給社員，非常賺錢。做了一年，農場的老同事告訴我，農場開出技術員的正式職缺，希望我快回農場服務。我想農場是公家單位，比住宅合作社工作要穩定，因此就重新回到了光華分場，開始我的公務員生涯。這是民國五十九年間的事。

光華農場是個安置單身榮民的大農場，總共有五個大農莊，就是所謂的五村。每村有十個小農莊，每莊有十幾二十幾人不等。後來中華紙漿廠建廠，徵收了第五村的地，也雇用第五村的場員到紙漿廠工作，等於是重新安置工作，便取消農場場員的身分，第五村也就廢村了，民國五十六年才又在現在新五村新建十五棟房舍，每棟二戶，共三十戶，安置有眷場員，後再增建六十戶，總共是九十戶。另外還有所謂「外四莊」就是北埔、嘉新、太昌、永興也都有田舍屬光華分場的管轄範圍。

當時每個村都有村長，但是最早代表光華村的村長的是住在二村的于明德，下一任是劉世平，再是周鴻，再是巫阿玉，再是簡沛然，再是葉光南。

至於場部的編制，最高職務是主任；下有輔導員，管生活上的問題；再是正副技師，正技師負責土地丈量、放領、噴藥、生產技能的問題；副技師管農機的問題；再是醫官、工友。最早的主任是民國五十二年建分場之初，由花蓮農場副場長陳希堯兼任，後移交給朱家鍇、再是陳漢丙、再是林添旺；醫官最早是張琪，再是彭志斌。民國八十八年安置場員配耕地放領結束，分場任務結束之後被縮編，回歸到在壽豐的花蓮農場。

現在回想起來，記憶很深刻的，就是每莊稻穀、玉米、花生收成的時候，因為酬勞分配難以公平，常常會有爭吵，因此都會請我們分場部的行政人員到農莊開會結帳，四十五個莊，莊莊如此，會後並請我們吃各式風味料理，因為農場裡的場員來自全國各地，要什麼口味都有啦！

還有農莊都養狗，早期大家都窮，肉類補給不易，而狗肉很容易取得，到了冬季時常殺狗進補，當時狗肉的品級分成四等：一黑、二黃、三花、四白，狗肉稱之為「香肉」，是很重要的營養來源。另外搶水的問題也層出不窮，甚至連牛打架，也都找上場部要求輔導員解決。

場員配耕土地，最初只有耕作權，沒有所有權。離開農場，土地就被收回。在建場之初場員進場時，每人分配〇．四公頃，單身場員是以農莊方式共同經營，有眷場員則各自分耕。後來有眷場員又增加〇．二公頃，但〇．六公頃耕耘的收入對改善生活有限，後又增配〇．二公頃，合計〇．八公頃。於民國七十五至七十七年間，場員曾多次請求輔導會比照政府耕者有其田政策，將配耕土地放領給場員，於是進場滿十年後就可辦理土地放領，從民國七十七年開始，到八十八年完成，長達十年之久。當時單身場員放領〇．七公頃，有眷戶放領一公頃，放領後場員領得土地所有權狀，可自由買賣。很多場員年紀大了，就立刻把地給賣了，大多賤賣，想改善生活，一甲地甚至三四百萬就賣掉了。因為價格比吉安其他村落便宜太多，引來外地客購置投資，蓋農舍、住宅、工廠、倉庫等用。也因為土地的買賣，光華村已由全是榮民的眷村改變成有一半以上外來客的新興村落。

光華農場的總面積大約七五〇公頃，撥給中華紙漿廠九十公頃，撥給花蓮縣政府設立工業區第一期三十公頃，第二期六十公頃，合計九十公頃。除掉紙廠和工業區，大約還有五七〇公頃。

光華農場開發之初是由東部土地開發處規劃，開發總隊官兵開發河床沙礫地而成。早期無重機械，大都由人工按地形開發成一分一分的小丘塊，表土很淺，後經農場指導用「放淤」、「客土」等方式改良，增加土壤厚度，提高單位生產量。所謂「放淤」就是趁著颱風或大洪時將泥漿濁水引入田裡，待濁水沉澱，就成田裡沃土；至於「客土」則是挖取海岸山脈的好土來倒在田裡。土地開發後向地政單位登錄，大部分地目為「田」，稱「廣榮段」，後又經花蓮縣政府重劃改為光中、光英、光學、光輝等地段至今。

至於旱季搶水的糾紛層出不窮，後來水利灌溉一概由場部管理，向場員酌收水利管理費，雇專人管理水門分配給水，此方式發揮很好的效果。後來更輔導場員加入花蓮農田水利會，由該會管理分配用水。

關於農場的人口，在分場成立之初以安置開發總隊退伍之榮民為主，大部分是單身榮民，民國五十六年成立眷村先安置三十戶，後又安置六十戶，共九十戶即現在的新五村。以後又安置自謀生活榮民進場，輔導其先蓋房舍入住，再分配土地耕種，其中有些是台籍退伍榮民，截至民國七十七年止，總數約三一七餘戶。

我從二十五、六歲進入光華分場服務起，就住在分場部裡的單身宿舍，當時有場員調用廚師黃番幫忙煮三餐，煮的外省口味非常好吃。記得場員家裡有人煮香肉都會來叫我們過去吃，主任說：「煮之前送一隻狗腿來就好了。」雖然是狗腿的笑話，但我們都喜歡黃番的手藝是真的。在吃住上是無缺，但是育樂很不方便，要看電影得騎腳踏車穿小路到中正路再到市區，假日回鳳林也是要騎到東大門的舊火車站上車，很遠。村民子女上學，都要到鄰村就學，很不容易。後來由農場撥讓土地，才由稻香國小成立分校在光華，後經擴建，才成為光華國小。不過這都是民國六十六年以後的事了。我在民國六十三年經人介紹與在自來水廠服務的曾春馨小姊結婚，就搬到仁里賃屋居住。說來湊巧，太太上班的地方在美崙與分場主任陳漢丙家很近，我每天騎機車載太太去上班，再載主任到農場上班；下班也是先載主任回家，再載太太回家，一舉兩得。那個時代有輛機車就算是有車階級啦！一般人都騎腳踏車。

在我的農場生涯中，感受到農人最怕的應是颱風吧？農作物損失雖可依百分比申請補助，但有時颱風不大不小的，損失是一定有，但不大就申請不到補助，大家是叫苦連天。還有一些颱風是晚到十一月才來的，二期稻作快要收成，一下子就全部泡湯，連來年要播的種子也沒了。在光華只能有一、二期稻作，冬天一般種些蔬菜。記憶中有一次颱風造成潰堤，當時堤雖築得很高，但基座不像現在有大量消波塊護堤，很容易被淘空。颱風夜我們一向都在場部待命，家裡就靠太太護持。那次潰堤的缺口在四鄰前面，淹水也最嚴重，有些田和房舍流失了，我們行政人員都徒步去疏散場員到分場部暫時安置。雖有損失，幸好人員都平安。流失的田地，後來用機械整地，就打破原先一分一分的區塊，變成兩分半的大區塊。也因為那次大淹水，輔導會選了幾個點，設了梯子可上屋頂，以防備淹水逃生之用，現在志工中心那邊就還有梯子在。

我與妻育有二男一女，幸有老人家來幫忙帶孫，我們夫妻倆才能安心上班工作。我從民國七十七年開始就忙著農地放領的工作，民國八十七年我調回花蓮農場，但是放領工作還沒完成，為了方便場員辦理，我還是常常回分場部來，到八十八年放領完成，分場部收編裁撤，我也以五五專案結束三十年的公務員生活，申請退休了。回想起我以一個本省青年進入農場，服務外省老場員的歷程，那濃濁的鄉音可是一大挑戰，南腔北調我雖不會講，但聽倒是一向沒問題的，溝通都良好。另外家裡孩子們學業成績都很好，都唸到大學、研究所畢業，有很穩定的工作，不用我們操心。

我雖住在仁里，但有買三分田地在光華，所以也常常回來種菜。見到老場員的機會是越來越少了，很多人賣掉房子田產搬了出去，也很多人凋零了。之前的老主任退休後，因為不會騎車，又拗不過場員熱情的邀約，左右為難之下，竟搬到西部去了，我每想到這位曾經晨昏相處的老長官，心中就有無限惆悵。我從二十五、六歲來到這裡，每天要巡視的農田大地，如今因為榮民賤賣土地，引來許多資源回收業、許多工廠、許多宮廟、許多倉庫，如雨後春筍般冒出來，白髮皤皤的我，感嘆萬千，五十多年間的變化太大，我很懷念腦海中那一碧幾百頃的乾淨良田啊！

今年我與妻也加入光華社照C據點當起老學員了，活動中心就在舊場部前面，在這兒還能與幾位老場員聚在一起，我的青春歲月都在這兒度過的，有無限的親切感。

光華社區發展協會石福春理事長有理想有抱負，辦社照C據點、辦福氣站，照顧老人非常周到，相信在他帶領下，光華會更繁榮壯大。

民國一一一年八月二十三日採訪完稿

### 採訪後語

黃大哥鼎龍先生是真正的國寶，對於農場的制度、業務、規劃、沿革……他都瞭若指掌，老場員的個性脾氣他都清楚，誰的田在哪裡他都知道，甚麼季節種甚麼菜、下甚麼肥、抓甚麼蟲，是他的專業，曾經整個農場將近六百公頃的田地都歸他在管，他最後的業務是農地放領，從七十七年到八十八年放領結束，農場任務走入歷史，而他也剛好退休。

非常感謝黃大哥鉅細靡遺，知無不言地讓我們記錄下光華農場的狀貌。對於想了解農場概況的人來說，實在太寶貴了，黃大哥是光華農場的百科全書。

1.農場技師黃鼎龍與採訪者孟慶玲合影（照片提供：孟慶玲）
2.農場技師黃鼎龍在光華農場場部大門外留影（照片提供：孟慶玲）

# 老夫少妻：莊大妹

口述：莊大妹（場員邱金華遺孀）
採訪：孟慶玲

我民國三十六年八月出生在花蓮縣富里鄉東里村，祖父務農，叔伯輩有六人，父親排行老三，姑姑們都送人當童養媳，只留一個姑姑在家。父親沒有分到田產，只能四處打零工，幫人插秧、蓋房子、挑沙石、扛水泥、攪拌混凝土……生活很艱困。我兄弟姊妹十個，我排行老大，弟弟妹妹們除了最小的那個之外，全是我背大的。平常我和最大的妹妹要輪流煮飯，一人輪兩天，沒輪到煮飯就要負責挑水和餵豬，有做不完的事情，小孩子又總是愛偷懶，常想賴給別人去做，母親就拿竹條打人，我從小被打到大，二十歲快出嫁的時候都還在挨打。

我八歲進小學，十四歲畢業之後，就跟著父母四處打零工，幫人家除草：鳳梨田、花生田、稻田都要經常除草，最可怕的是鳳梨田，兩條腿被鳳梨葉刺得到處是傷。還有幫人插秧、曬穀、種香茅、挑香茅去山上的工廠做香茅油，都是記憶很深的事。父親靠勞力養十個小孩，每天吃地瓜飯，我身為長女也很想幫父親減輕負擔。

我十六歲開始獨力去賺錢，賣冰、端麵、洗碗……一個月可以賺一五〇元左右，那時一斗米大約四十元，對家裡也算有幫助。

十八歲去卓溪（舊制屬玉里管轄）李警員家裡幫傭，太太是高老師，有三個小孩要顧，最小的還要背在身上，除了顧小孩、煮飯、幫小孩洗澡，還要挑水；那時沒有自來水，要去社區的公共水池提水，吃的、洗的、用的，都要提回來。每天還要擦塌塌米，星期日要跟鄰居去打柴、撿枯枝，都沒得休息。每月薪資兩百元，做了一年。姑媽有一次來看我，曾透露別人家的行情已經到達二五〇元，我就有點不想再做下去了。到暑假，太太放假在家，就叫我回家休息兩個月再來，而且不許我帶衣服回去，我說我的衣服只有那幾件，不可能不帶回家，就打包辭職了，那三個小孩很捨不得我。

後來我到一個警察主管家裡做，太太有孕在身，但是先生常常騷擾我，對我毛手毛腳，我就跟太太講，做不到一個月就辭了回家。

那時我已經快要二十歲了，妹妹十八歲，說要訂婚，要去玉里買訂婚用品，一直拖我一起去，我不想去，但是大家都一直要我去，後來才知道原來是妹婿的開發隊同袍邱金華看上了我，也跟我爸媽都說好了，託妹婿把聘禮費用都一起帶來。所以禮品中我也有一份，是一隻手錶、一個手鐲、一條項鍊、一個戒指。妹妹有捧茶儀式，我是直接去公證結婚，還是回家裡住，等邱金華場部那邊安排好了再接我過去。說起邱金華，當時他們開發隊來到我們東里，我叔叔在賣甘蔗，他牙齒很好，愛吃甘蔗，常來跟叔叔買，出手很大方，還常常買一大堆戲票送給街坊鄰居，請大家看電影、看歌仔戲，到我家聊天又會隨手幫忙綁燒灶引火用的草引，很得祖父母歡心，我爸媽也認為他老實，就做主讓我嫁他。開發隊後來到溪口，再到光華。

但天公的安排也真是嚇人一大跳，一天我正在家裡縫製新洋裝，突然暈倒過去，醒來後，自己騎鐵馬去藥房買藥，藥師看我面無血色，說我是胃出血，幫我處理後，不敢放我一個人走，還派了人跟我回家。當時吃的草藥，都沒起色，爸爸特別去東里街上請西醫來家裡給我打針，一面打，我一面頭就垂下去了，爸爸看我好像不行了，急得不得了，跟媽媽商量要怎麼辦？後來打電話給我先生，我先生就決定要接我來光華，場部裡有醫務室，治療比較方便。那時是民國五十五年八月。

先生接我來到光華農場，住在五十四莊，是二十四個獨身老兵住在一起，我先生是其中一個。我來了之後，他們就在廚房隔出一個小房間給我們夫妻住。但是大家吃飯走動都很不方便。但我在這裡得到醫官很好的治療照顧，有一天吐出一大盆大小血塊，之後就慢慢好起來，我有養一些土雞，小公雞還沒啼之前就殺來熬雞湯，光喝湯不吃肉，身體就健康起來了。

當時先生的薪晌一個月二千元，一天他全買了竹竿回來，自己在五十四莊後面空地搭了一間茅草屋，當做我們的新房，跟單身漢分開住比較方便。但是草房住起來很沒安全感，有一次妹妹鬧離婚，從高雄跑回東里娘家，妹婿也追回東里，我先生匆忙趕回東里去瞭解，妹妹和妹婿經過安撫也就沒事了，我先生連夜又趕回光華，因為我當時有孕，不敢獨自在家，先生也不放心我一人住在草房裡。

五十六年十一月我回東里生大兒子，五十八年農曆五月，割稻時節，早上還曬穀子，晚上就請助產士來草房接生女兒，女兒生下來五公斤三，都是因為跟著先生啃甘蔗，還有經常白飯拌黑糖，糖份太多，才會生下超大巨嬰。

先生大我二十四歲，在農場是集體農作，一莊二十四人，一人專管伙食、一人養豬、一人養牛，其他二十一人一同種花生、稻米、地瓜，收成扣掉成本是二十四人均分，生活苦得不得了。草屋前有十幾棵芭樂，我常常嘴饞就拔芭樂來吃，還曾經三個月吃不到一塊肉，胃很不舒服，非常怨嘆，夜裡越想越難過，就抱著棉被哭。先生忙問怎麼了，我埋怨說：「從前我家裡窮，都還每個月初一、十五拜拜，至少可吃到兩次肉，嫁給你竟然三個月吃不到一塊肉……」先生隔天就去跟人借了五十元，買了豬脖子肉回來給我煮，我吃了油腥，整個人就好起來。先生也努力去外面找工作，大都是做泥水工，扛水泥、拌洋灰。現在大兒子也是在做土木方面的工作。

五八年生了女兒之後，場部批准蓋房子，我們的地十二坪在南海十二街二八二巷七號，那時借貸款自己蓋，記得那時我們夫妻常常騎摩托車到處去撿一些工廠廢材，撿了許多大理石碎片回來鋪地磚，很漂亮，很有成就感。住了三一年，直到八十九年才搬到光華二街。

六十年生小兒子，是去婦產科生的。先生很疼小孩，每天晚餐後，他坐在客廳看電視，小孩就會爬到他身上，他就抱著摸著，小孩睡著，他就抱進去房間；等回到客廳一坐下，又一個爬過來要抱，他就再抱再摸，等睡著，又抱進去睡；一來一回的，他樂此不疲，非常愛小孩，夜裡還要起來看看，給他們蓋棉被。

但有時管教孩子也太兇了，有一次他叫大的拿一個杯子過來，大的一不小心把杯子打破了，他拿起竹掃把就打，孩子大哭，他還不住手，我搶過竹掃把，反過來打他，他看我生氣了，就跑去田裡不敢跟我衝突。為了管教小孩，意見相左時常常打冷戰，但都是他先打破僵局。一次冷戰期間，家裡母豬要生了，他就跑來叫我快去處理，我用火鉗把小豬一隻隻夾起來放進籃子，母豬生完小豬，胎盤也產出來之後，就倒下去餵奶。他都很高興地在旁邊看也幫忙，就把冷戰丟開了。

冷戰最久一次，是他冤枉我借錢給人，我一氣之下跑去高雄妹妹那裡，他很著急，一直叫兒子請我回家。我心裡也明白他很疼愛我。

三鄰那邊的老伙伴以前常笑他說：「老邱啊！老婆那麼年輕，兒女養得大嗎？」

結果孫子都有四個了，他常常都很滿意兒孫圍繞的幸福！他沒有回過廣東老家，他是年輕時在老家餵牛時被抓兵的，從此跟著軍隊走，沒再跟父母姊姊有聯絡。我不知道他打的是哪一場戰役，但他腿上有很多子彈傷痕。

民國九十三年他九十歲——實際八十歲，那時身分證都報大一點，希望早退役，那天準備中秋節要烤肉，他早上還工作，下午鄰居小英來我家，在門外大叫：「大妹！妳老公怎麼躺在草地上睡覺？」我趕快出來，看他倒在院子裡，叫救護車到醫院時，就往生了。雖然不捨，但也感謝他走得無病無痛，沒有受罪。

回想過去跟他共度的時光，很感恩，很滿意！我這條命二十歲以後是他救回來的。人家都笑我嫁老尪一定守不住，會跑掉，事實證明我們夫妻情義深長，孝子賢孫，幸福美滿。我二十歲當了邱太太，現在是邱奶奶，永遠幫他守著邱家的產業！

老公走後，兒子、女兒、媳婦、孫子、鄰居村民都對我很好，照顧我，讓我很窩心，這都是我先生做人好，有愛心，我才能享受到這麼好的回報。很感謝他，也懷念他。

民國一一一年八月一日採訪完稿

採訪後語

巡守隊的副隊長小鍾曾跟我說：「大妹阿姨用菅芒在做掃把，這技藝快失傳了，妳趕快去採訪。」

大妹我是知道的，嗓門超大，歌聲嘹亮，而且農事、廚藝、縫紉、編織樣樣精通。我立刻趕過去拍了她製作苕帚的影片，並且採訪她的故事。

後來鄰村有人說：「你們村的莊大妹是從我們仁和嫁過去的，大家都說她以前生了重病，快死了，她媽媽去你們村裡求老兵，說誰能救活她，就送給他做老婆。」我聽了大笑，指出（一）大妹出嫁是在東里，不是仁和。（二）生病時已經結婚，只是還沒住一起。（三）娘家是在婚後三年才搬來的。哪有誰救活她，就給誰做老婆的道理呢？這謠言是人們質疑老夫少妻的結合，所亂編的吧？

大妹的病，確實是大事件，也突顯出邱伯伯的善良，他不僅沒有怕麻煩就退婚坐視不管，反而立即接她來農場治病，就可看出他的人品。況且大妹的娘家後來都搬來仁和，那更是女婿人好，讓岳家全心信賴的明證。絕對不是人家亂講的隨便找個老兵嫁而已。

大妹的故事讓我清楚了農場早期的生活樣貌，也讓我對漂流過海，戎馬一生的老兵——邱伯伯，在居家生活中所扮演的疼妻愛子的形象，起了萬分的欽仰。

1 1.莊大妹和夫婿邱金華結婚照（照片提供：孟慶玲）
2 2.莊大妹和孟慶玲合影（照片提供：孟慶玲）

# 崎嶇到康莊：陳樹梅

口述：陳樹梅（場員黃銘心遺孀）
採訪：曾碧霞

我民國二十八年在宜蘭三星鄉出生。老家務農，爸媽生養很多，兄弟姊妹共有九個人，很早就外出工作了。民國四十九年，經朋友介紹認識了反共義士黃銘心。我個性活潑外向，想他孤家寡人在台，婚後沒有惱人的婆媳問題，就毅然決然的嫁了。

我先生黃銘心，是湖南人，民國十八年出生。幼年時被國民黨抓兵，參加抗日，後來國共內戰，又被共軍抓了當俘虜，作苦工。民國三十九年（一九五〇年）韓戰爆發，美軍協助南韓參戰，中共則派了百萬軍隊，執行人海戰術加入了抗美援朝，協助北韓。黃銘心又被送入戰場，準備當砲灰。共軍裝備少，根本沒給武器。他每日扛著米、麵、糧草在頭上，穿梭在槍林彈雨中，炮彈還真打到他頭上，幸有糧食擋著。最後，僥倖逃入美軍陣營，成了俘虜。

依據美國的報導：中國志願軍死亡有四十五萬人，傷者有五十萬人。所以銘心真是九死一生，倖免於難。戰爭結束，美國依戰俘的意願，結果有一萬四千人願意來到自由寶島，黃銘心就在民國四十三年來台，政府在桃園安頓他們。他先在部隊生活一段時間，後來退伍加入榮民工程處。

民國四十九年我和銘心結婚，他就在榮工處服務，跟著開發大隊到處開山築路。開發大隊通常有三到十個分隊，每分隊三十人，銘心擔任分隊長。就這樣，婚後我每三年生一個孩子。帶著孩子隨他出征移棲到每一個工寮裡。包括：陽明山竹子湖、中橫碧綠神木附近的金馬隧道、南迴公路、桃園復興鄉鄉道、花蓮到豐濱的海岸公路、萬榮西林林道，老三秀惠就是在西林村出生的。山區荒涼寒凍，冬天在高山上還會降下大雪。每一個分隊的眷屬通常只有兩三位，工地冷清寂寥。但寒冷的夜晚，一家人擁著暖被入睡。我們比周邊的大多數隊友幸福多了！

孩子長大要就學了。民國五十八年十月五號，銘心接受輔導就業，我們搬來光華農場。分了六分地，開始開墾整地。輔導會協助我們，到山上拉土來填，但是呢？木瓜溪出海口的這一片土地，全是石頭！再怎麼整，還是貧瘠得很！水源不足，一天裡平均每分地只能分二十分鐘供水，我常要半夜十二點去田裡等水。

這時中華紙漿廠正在建廠。村子裡的許多男丁都到紙漿廠打零工。女人家則下田和撿不完的石頭為伍。我會牽牛犁田，用耙子鬆土。五戶有一頭牛，一牛車，一個風鼓機、一個打穀機。牛隻十天輪一次，可協助耕作但要餵養。

光華農場為我們這九十戶的村民蓋了房子。每家約莫六坪大的地，隔成一個房間，一個客廳，還要有個小廚房。廁所和浴室則是公共的。不管怎麼樣，總算有了自己的家，擁有土地，就像有了立基的根。

平素我們互通有無。到插秧的時候，全員出動。每家廚房，做了各式糕餅，彼此分享。炎夏時節，常有午後的西北雨，一聽到雨聲啪啪響，所有的人就從屋子裡衝出來。人手一支掃把，不管誰家的，手忙腳亂，幫忙把曬在廣場上的稻穀趕緊的掃入稻埕，用雨布蓋上。一陣荒亂後，才淋著雨各自回家。啊！懷念那一無所有卻富足的年代！

因為收成有限，所以，我把土地借給別人栽種。民國六十八年我開始到光華自設的幼稚園當助理，補修了保育員的課程，從此以後「黃媽媽」就是我的頭銜。因為有了固定的收入，假日也有得休息，在先生的鼓勵下，我開始參與了許多社區服務的工作，穿梭在鄰里社區裡，忙得不可開交，也學習了許許多多的家政技藝。回到光華，回頭指導許多姊妹，所以我成了婦女家政班的第一任班長。接著，我又在光華創立了婦女會、老人會、愛心工作隊……擔任志工。運用這些組織的力量，我們推動了許多的善舉，協助貧病村民。常常挨家挨戶，五元、十元募集了款項，成就了愛心。家裡所有牆面掛了許多榮譽狀，感謝卡，我民國六十七年受獎吉安鄉好人好事代表，而最高的榮譽是民國一〇五年得到全國好人好事代表。

我有二子一女，各自有安定的工作，家庭和睦。我先後拿過花蓮縣模範母親、模範婆媳獎，匾額高掛中堂。子女看我老而彌堅，仍然熱心助人，也都一一效法，熱心參與桑梓活動。老大擔任花蓮第一獅子會會長，老二擔任花蓮縣奇石工會理事長。

記得第一次去大陸觀光，爬上巍峨的萬里長城。當時最大的感觸是：我一個小學畢業的鄉下女孩，竟然可以親身進入歷史畫面裡，人生有甚麼不滿足的？奮鬥就對了！

民國一一一年八月十九日採訪完稿

## 採訪後語

快人快語，行動力強的黃媽媽是台灣母親的代表；勇敢堅韌。她努力的裝備自己，夫妻一起建立美滿家園。行有餘力，就參與社會公益。滿牆的感謝狀和獎牌、匾額為她生命做最好的見證。

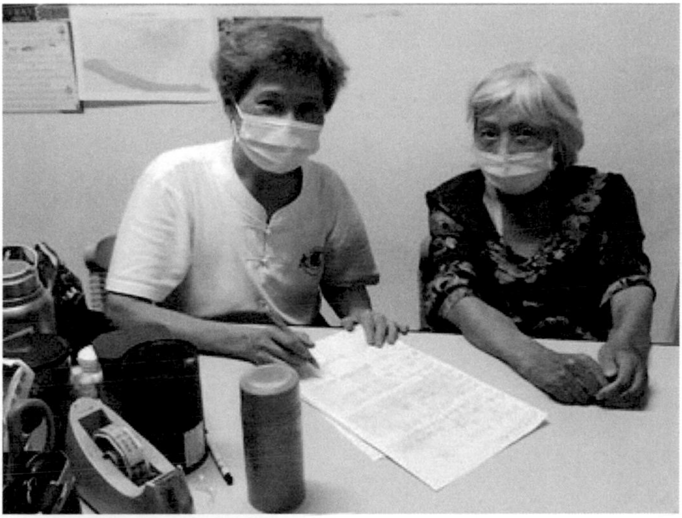

1/2

1.陳樹梅接受曾碧霞採訪（照片提供：曾碧霞）

2.黃銘心在部隊時的英姿（照片提供：曾碧霞）

# 女村長：巫阿玉

口述：巫阿玉（場員劉國榮遺孀）
採訪：曾碧霞

我民國三十七年生於壽豐光榮村。從小受洗為天主教徒。壽豐國小畢業後，我就在天主堂辦的幼稚園協助幼兒保育。後來，神父說動我爸媽讓我去海星中學初中部讀書。我每天上學要換兩趟車，先是火車由林榮到花蓮，再搭客運車到美崙。

那天，返家時，公車司機緊急煞車，我一腳踩了後頭站立的乘客。回頭趕忙向那位英俊的男士道歉。到了花蓮，換火車回林榮，怎麼這麼巧？他也在同班車上。等我下了車，他竟一路尾隨我回到家。他就是我的老公劉國榮先生。我們因那次小意外，邂逅，最後論及婚嫁。

我老公劉國榮是北京人，民國三十七年來台時才二十歲。他是高中時從軍報國，跟著部隊一路來到台灣，父母都不知情呢！誰知當初離家，一別竟是隔世！他認識我的時候是在美崙榮家當事務員。

我們民國五十四年結婚，民國七十二年來光華農場申請農地。我們原來分配的土地是在今天開心農場，後來政府徵收另有用途，所以把我們的土地換到光華村裡面來。村子裡，當時只有阿美族人十四名。

光華村大家普遍種稻，收入不豐。有一段時間，我們買了割稻機，夫妻同心，到處為人割稻，從花蓮、台東直到台灣尾的屏東。孩子生下來，幸好有娘家媽媽照料。我也曾到重慶市場擺攤賣麵，用芋頭籤、蕃薯籤和麵，攪拌，增加香味和Q度成為阿美麵的特色。此外，我對阿美族的串珠藝術念念不忘。我自己會設計許多圖案，就在村子裡開一個店面叫玉秀工坊，做教學之用，推廣阿美的傳統文化，也小有名氣。

民國七十九年，光華村的老村長劉世平希望能夠有年輕人接班，就和農場主任林天旺一起，提名我參加村長的選舉。他們的理由是：光華這麼多年來還沒有女生有高學歷的。當時我在中華工商夜間部進修。就這樣在眾人的支持下，我順利當選十九個村唯一的女村長。

村長任期間（七十九年到八十二年），除了村務的推動，鄉道的整修，我也努力地推動阿美族傳統文化。把吉安鄉各村的阿美族串聯起來，辦理光華的豐年祭，年年都是由我主持歌謠的吟唱，歌舞的帶動，希望族人還能保留固有的傳統。任期內，我讓阿都南部落選出第一屆頭目，然後就退居幕後協助。

最難忘的回憶，是在民國八十二年，帶領阿美族舞蹈團去貴州做一次成功的訪問！一村的貴州同鄉會集資匯款回老家，讓偏鄉的學校，老教室得以重建。為壯大陣容，力邀我們阿美族去聯誼表演，因為貴州也是少數族群的省份。我們表演的歌舞是有關阿美族古老的婚姻橋段：新郎挑柴火去新娘家當聘禮，然後就把新娘子直接背回家了。舞蹈的內容都是由我編創的。結果呢？未演先轟動，小鄉村的所有人爬到土牆上觀看。校長夫人後來緊急叫停，因為怕人多勢眾，會把學校圍牆給壓垮了。那個年代中國大陸真是窮！午餐時，校長夫人忍不住又要求我唱一曲。我唱起了隨口改編的歌詞，你的家鄉在貴州，我的家鄉在台灣那魯灣，……大家都是一家人。最後大眾一起合唱，情緒達到最高點。鄉親、土親、我們真是一家人！

我育有三子。長子在工地意外死亡。老二、老三在軍中退伍後都有正當工作。兩個孫女慈濟護專畢業，如今都在台北當護理師。

老公於民國一〇〇年過世了。婚姻生活因為文化的差異，也曾爭鬧不休。經歷大半輩子，臨老，我還是照顧他，讓他安享晚年，二子為他送終。而我本人則在去年被汽車追撞，至今行動不便。但每日有長照護理人員花一個半小時來協助我復健，已經大有起色。我有信心，大約一個月後一定能夠開步行走了，願天主保佑！

民國一一一年九月七日採訪完稿

## 採訪後語

在這個小村子裡，我們見證了，戰爭製造無數骨肉分離，卻又意外促成許多異族婚姻。談到「族群大融合」，聽來多麼美好的詞語，誰知背後有多少生活細節的摩擦？婚姻的維繫，鄰舍的相處，要經過幾十年血淚的磨難。政治動盪，社會不安，被犧牲的往往是弱勢的族群，他們只能在底層悲鳴！不諳政治運作，被推上位的女村長巫阿玉，慶幸有著阿美族開朗單純的個性。成了領頭羊後，藉職務之便推動阿美族傳統歌舞，將部落文化找回來了！

1/2

1.劉國榮、巫阿玉與兒子合照。艱難的年代，搓番薯籤、養雞又養鴨，日子卻美滿快樂。（照片提供：曾碧霞）

2.民國七十九年八月吉安鄉所有村長就職照，本村巫村長是唯一的女性。（照片提供：曾碧霞）

# 鄉關何處：杜曉英

口述：杜曉英（場員羅志明遺孀）
採訪：曾碧霞

我，杜曉英，今年五十八歲。

老家在浙江麗水縣。父母都是公務員，姊妹成家都任教職。我高中畢業，補修二年教育學科，就在麗水的國小任教，學校每年級四班，每班學生超過五十人。任教期間，我也算是明星老師。每回教學示範，教室後面，總是坐滿了各校老師和村辦。

六年後，我轉職為鄉公所的農村婦女幹事十六年。

眼看過了三十了，家中急著為我物色對象。先是一個體育老師，人長得還可以，但寄給我的情書，文句不通，字跡歪歪倒倒。從小，爸爸教我寫毛筆，還拿過鄉賽第一名的，我實在看不下那筆字。後來姊夫為我介紹一位浙大的物理教授，玉樹臨風，比我高出兩個頭，倆人走出去能看嗎？他是位鰥夫，帶著一個小女兒，媽媽說：你這個性能當人家後母嗎？所以，我又猶豫著。

正在此時，兩岸開放探親，夏宗澤先生從台灣返鄉十數次。老榮民返鄉，對地方上，也是轟動大事。他是我母親的叔叔，論輩分是我親爺爺。每回他回麗水，我家都會設宴款待他。夏爺爺說起台灣的現代化和豐衣足食，聽得我們欽羨不已！

當時，我一個月的收入僅人民幣二十五元左右。夏爺爺說：「曉英，我們台灣就是最不濟的拾荒者，垃圾回收，一個月起碼也有一千元人民幣。」台灣，這個神祕的島嶼，讓我極度嚮往！夏爺爺為我物色了兩位對象，都不如意。最後介紹羅志明先生時，他說：「妳再不滿意，就難去台灣了。」終於，我點了頭，準備展開生命另一旅程。

羅先生來大陸辦理結婚手續的前兩天，那位浙大的教授，在相隔五年後，突然又寫了三張文情並茂的信給爸爸，再次向我求婚。爸爸給我看完信，立刻當我面撕了它，意思要我不要躊躇了。就這樣，我踏進了寶島台灣！民國八十七年十月六日我結婚了。嫁來台灣，入住光華村。

我先生：羅志明，大我足足三十六歲。老家在廣東，家道殷實，他是家中唯一男丁，父母心頭肉。他也是民國三十七年，國軍一路潰退時被捉來的。那年，他二十一歲，一早開心的和朋友到街上遊逛，就被攔了下來。朋友機靈的逃脫了，他卻硬是被扣住。父母、姊姊們聞訊前來跪求，官兵就是不肯放人，就這樣，被押上船，和父母天人永隔了！我嫁來後，常聽他夢中泣不成聲，喊著娘！

老羅，我這麼稱呼他。他很愛乾淨，諸事整潔。我們結婚以來，他一直把我捧為至寶，對我客氣得不得了！所有家事都搶著做：煮飯、洗衣全包，好吃的飯菜都省給我吃。我喜歡參加社團活動：光華環保志工、光華巡守隊、婦女家政班，還在門諾醫院當了六年志工。每天回家，他聽到我的摩托車聲音，必到大門口相迎，對我真是無微不至的好！

在家時，爸爸就叮囑我，倆人年齡差距大，必要好好照顧他。他抽菸嚴重，肺都受傷了，我搶下他的煙，幫他戒斷，每天買雞精給他補身，吃了十幾年。後來覺得雞精不純，我改燉土雞湯給他喝。他愛吃紅燒蹄膀，我就時常讓他大快朵頤。民國一〇三年我用摩托車載他就診時，出車禍，導致他不良於行，坐了六年輪椅，體力衰竭，我盡心照料他。所有對他的照料他必稱謝，我們婚後的每一天，他早晚總是「謝謝妳」三字不離口。天下竟有這麼善良的人！

結婚二十多年，我們回老家多次。為他父母造了一座大墳，哭拜幾回，又幫我娘家蓋新房舍。這些年，中國有了新氣象，全面革新。我老家麗水，原是浙南的偏鄉，如今高速公路直達縣城，高樓大廈林立。姊妹家生活極大改善，住透天厝，十分豪華。家鄉親友也曾來光華拜訪。當他們見我住的是鄉間舊房舍，十分錯愕。但，我不後悔，這輩子能遇到如此珍愛我的人，足夠了！

一一〇年十二月老羅去世了，享年九十四歲，是光華二村最後一位老榮民。他是自然死亡的，生前只有些微氣喘，心律不整，我照顧他壽終正寢，也算圓滿了。

來台二十多年，我與大陸生活已逐漸脫節。回老家，聽大家扯著喉嚨說話，出門開車猛按喇叭，很不習慣。原來我早已和光華這寧靜的鄉間，相互關懷的鄰舍結為一體了。

民國一一一年九月七日採訪完稿

## 採訪後語

我於民國一一〇年中，曾試圖採訪羅志明先生，因他是光華村可數的耆老之一。他當時身體已十分孱弱，但聽說我要拜訪，一早就起身，要太太曉英幫他穿戴整齊，正襟危坐的等我。可惜，他鄉音重，又記憶不清，都要太太在旁提點，他才猛點頭。談到，被捉那天，父母為他跪地求饒，整整一下午。這位九十多歲的老爺爺，嗚咽哭泣難抑！訪談因而中斷。不意，年底，羅爺爺就走了。訪談當時情景，一直在我腦中縈繞。如今，得以結識他最親近的人，稍稍彌補遺憾！

1/2

1.曾碧霞訪問杜曉英（左），照片拍攝於民國一一一年八月三日。（照片提供：曾碧霞）

2.羅志明與杜曉英在光華村結婚照，左邊是介紹人夏宗澤（照片提供：曾碧霞）

# 上一代　當日本兵的老「老古」：古鑫台

口述：古鑫台（場員古洪富之父）
採訪：孟慶玲

我民國十七年二月口治昭和三年，出生在新竹縣北埔山上，家對面的山頭就是五指山。母親彭茶妹生下我一個多月，我父親就往生了，母親生活困窘，因此招贅了我的繼父徐建昌，我還有一姊，賣給別人家，無緣共同生活；父母另外買了一個童養媳，但我和童養媳不來電，後來各自嫁娶。牛活很苦，父母作雜工度日，山上很多燒炭的，我爸媽常受雇去挑炭，從山上挑兩三個鐘頭，走到北埔，很辛苦卻賺不到幾個錢。

記得家門口有一棵大樹，七歲時一九二五年四月二十一日，有一天突然大地震了，我抱著大樹，感覺一下子地面好像要撞到臉上，一下子又好像要飛到天上，非常可怕，對面的山裂出一條大縫，北埔街上的樓房全倒，壓死很多人。這就是關刀山大地震，全台死了三千二百多人。

我小時有上學，讀北埔小學，早上天還沒亮就出門了，拿竹筒灌臭火油——煤油——燃火把走山路，通常都十幾二十幾人一起走，有些女生年紀比較大的，有十幾歲了還讀低年級，大家都從天黑走到天亮，到學校都八點多了。放學也是要走三個鐘頭，從天亮走到天黑。家裡點油燈，早早睡覺。記得四年級的日本老師叫做本田先生，是個剛當完兵的年輕人，我小時候很「盧」，常打架，就常被先生罰站。

因為家裡窮，沒鞋穿，跑山路腳都凍得紅通通的，父母很心疼我，特別給我買了一雙包到腳踝的布鞋，我也捨不得穿，都是用鞋帶綁著兩隻鞋，掛在脖子上，到校門口才穿上；放學時，一出校門就脫下來又掛在脖子上，依舊打赤腳跑回家。

還記得那時保正常會帶著日本人上山來搜物資，有三隻雞就要拿走二隻，三頭牛就要牽走二頭，連飯鍋都要掀起來查有沒有放番薯籤，不准吃白米飯。記得有一次爸爸買到二斗米，每天早上拿一點出來煮番薯籤飯，然後就要把白米拿出去藏，晚上才敢拿回家，就怕被搜走。

十一歲時與北埔山上七八戶人家一起搬家到花蓮南平，坐巴士從蘇花公路過來，路很彎曲危險，開車的日籍司機一路叮嚀頭不可伸出車外，說會撞到山壁。到了南平，是糖廠的地，爸媽自己在地上蓋草房來住，一颱颱風，房子就吹跑了。爸媽平時幫「台灣製糖株式會社」砍甘蔗，砍一天領兩角半，媽媽也有種菜去賣，我長大一些也有在苗圃工作，幫忙育苗種樹。

記憶中日本人很重視清潔，規定一年有兩次清潔週大掃除，牆壁、門板、桌椅，都要拆下來洗刷，棉被要晒，都會有人來檢查。

十四、十五歲時得到馬拉力亞——瘧疾，每天準時發冷發熱，一發作時就跑去樹下蹲，把時間熬過去就沒事，公所可以拿藥，這種叫作奎寧的藥，吃了全身發黃，但幸運都康復了。

十六歲時日本政府派保正送紅單到家裡，我被徵兵到海外，當時說是要去菲律賓打仗。我叔叔那邊一個堂弟是第一梯次的，到菲律賓就戰死了，我是第二梯次，先上火車，車上全是十幾歲的青少年，我們被送到國福的青年訓練所，做軍事訓練半年，學打槍，我的槍法很準，是第一名呢！記得那時在訓練所都吃糙米飯，一人一碗，吃得正香的時候就沒飯了，吃不飽；也有菜，用大桶裝大豆煮蝸牛，好吃極了！

太平洋戰爭開始之後跑警報躲轟炸是經常的事，聯軍的航空母艦停在外海，飛機四五十架飛過中央山脈，要去西部丟炸彈的影像還很深刻。

在國福訓練所的時候，一次被派去顧守碉堡，剛好遇上轟炸，看到飛機丟下炸彈，炸彈上張開一副小降落傘，卡到火車沒有爆炸，是一顆啞彈，沒有傷到人。

另有一次，鳳林分局那邊有兩姊妹被炸死，訓練所的小隊長派我去清理屍塊，也算是軍中的一種訓練。當時我是拿畚箕去裝，非常的慘！訓練所完訓之後下部隊，到左營當班長，每天考槍法。我只要聽聲音就知道準不準，那時是有領軍餉的，一個月日本錢二十八塊，在外面一碗麵就要賣三塊錢，算起來很是微薄，根本也不夠拿回家貼補家用。

在等待上船去菲律賓的時候，戰爭結束了，日本長官說你們自己的祖國會過來照顧你們的，你們以後都會有很好的發展。

戰爭結束了，有些日本人還來不及走，阿美族、太魯閣族，和一些高山族，都拿長刀在路上行走，在無政府狀態下趁亂大殺日本人。

國軍來台接收之後，又引起二二八之亂，鳳林的張七郎醫師，是花蓮很有名望的優秀人士，一天夜裡，連同兩個兒子被白崇禧的軍隊帶走打死了，一時風聲鶴唳，人人自危。

民國三十八年推行「耕者有其田」我們有了五分水田，九分旱田。農人不好當啊！收成是半年才一次，日子卻是每天都要吃，那時買東西都只能賒帳，等有收成才有錢還。平常削甘蔗、作工、種田、施肥、換工，作個沒停。

二十二歲經媒人介紹北林的姑娘彭玉英，以前在鳳林看野台戲的時候有見過面，雙方父母都有中意下，我爸媽賣了幾塊地，她穿白紗，我們租了兩人抬的小轎子把她娶回來。她幫我生了很多小孩，後來有養大的共七個，四男三女。

民國五十一年我在水璉山上幫林務局開墾林地十五甲，和太太英子兩人抱著出生四十天的小兒子，一刀一鋸開山，開出來的地給林務局種新的樹種，沒有薪水，但可以利用林地種菜、種水果。我自己用原木蓋房子住，也種梧桐、香茅、橘子，橘子收成時，挑下中興部落的竹橋到鳳林去賣。小孩子們假日也都跟在山上，上學時就都下山在南平跟著爺爺奶奶住。我在山上十五年，山地因為過度開發沒有輪休，地力不夠已經種不出好的水果，也賣不到錢沒有收入，才想要離開這片土地。

民國六十六年，經朋友介紹，搬到慈惠三街王母娘娘廟附近住，作板模建築業，小孩都已長大，他們小學畢業就到台北去工作。我和英子早出晚歸，工資很多，生活也有改善。但有一次在舊遠東那邊工作時摔下來，腳板整個翻轉過來了，我自己用手把它翻回去，還好能走，但常常會痛。我爸媽也搬到這邊跟我們住，在這邊養老。我日常除了做板模工，也就近在廟裡幫忙煮食，早上四點多就去煮，英子也都跟著我。

大兒子古洪富是職業軍人，民國六十三年從軍中退伍，因為有戰士授田證，民國八十五年就在光華分到一塊地，自己蓋了房子，我把水璉山上的權利金賣掉，慈惠三街的房子也賣了，跟著兒子來到光華。兒子在光華六街開「老古牛肉麵」，我也跟著幫忙了一陣子。

英子小我一歲，個性很柔順，一輩子跟著我吃苦打拼，我做什麼，她都默默跟著做，這都是她的命啊！她八十五歲時往生了，那時常說肚子痛，人也懶懶的，檢查說是腹膜癌，她不肯治療，病了三個月就走了。

我年紀老了之後，二兒子古洪鎮從工廠退休，專門照顧我，女兒們也輪流回來顧我。他們曾討論要請外傭來照顧，我說：「我一個人養你們七個，都養大了；現在你們七個，顧我一個，用得著外人插手嗎？」幸好兒女都孝順，不曾違逆我的意思。

回頭看我這一生，很是驚訝年輕的精力不知是從哪裡來的？英子最常說的話就是：「要打拼，才有飯吃。」我拼命工作，記得在水璉山上，花生、玉米成熟時，用大布袋裝，我一天要扛四五十袋，從園裡扛到工寮，曬乾，再扛下山賣。現在九十二歲啦！以前眼睛一睜開就是工作，現在吃飽免作，即使有工作也沒法度作啦！每天早起在門口走走路，有子有孫，很滿足了。

我父母只有我一個獨子，千辛萬苦拉拔我長大，英子懷頭胎時就懷了雙胞胎，但整天跟著我工作，還蹲著割稻，雙胞胎就流產了，母親擔憂我子嗣不繼，於是在四十八歲那年開始吃長齋，祈求我能開枝散葉，人丁興旺。英子跟著我吃很多苦，成功生育七個孩子，唉！都是過去的事了，再說也無用。我和她相隨一世人，不曾吵過架，更不要說不曾打過架，我做什麼她都跟著做，她做什麼我也跟著做，不停的工作，到晚上才聊聊天，說說笑，這樣的生活，這樣的感情，不用說出嘴，我們彼此心裡都明白的！

民國一〇九年四月十一日採訪完稿

## 採訪後語

當初社區理事長石福春與高𥻆烈要帶我去採訪古伯伯，我立刻提出重大問題：「哪一省的？說的話我聽得懂嗎？」因為之前採訪太多南腔北調的老兵，我是吃足了苦頭，所以一定要先請子女在場當翻譯，否則就像鴨子聽雷啦！沒想到理事長很輕鬆的說：「台籍，沒問題！」更沒想到的是：不但是台籍，當的還是日本兵呢！在光華這太異類了，完全顛覆我的頭腦。

原來古伯伯是台籍客家人，幸好他沒用客語講，因為我雖是客家媳婦，但學客語完全不及格，聽不懂啦！還好老先生一直用緩慢的閩南語敘述，這是我的母語，自是溝通無礙。

對於花蓮的客族，感覺人數非常多，簡直可和原住民平分秋色，原以為是光復後才形成的，聽了古伯伯的故事才知道原來早在日治時代就有集體的向東遷徙。

古伯伯成長在台灣，經歷日治時期，因此當上日本兵，與農場中打共產黨的老兵，年齡雖然相仿，經歷卻很不一樣，但都是走過戰火的苦命一代。

但古伯伯怎會在光華農場呢？原來他的兒子是年輕的場員，他跟著兒子過來的。農場原是為安置追隨政府來台的老兵而設，而民國八十五年當台籍的年輕場員入住時，就顯示農場的任務已經圓滿，果然再兩年，民國八十七年農地放領完成，農場就正式功成身退了。

感謝古伯伯的小女兒古梓羚努力促成採訪，我們才能留下先民活動的珍貴紀錄。

1. 古鑫台和孟慶玲合影（照片提供：孟慶玲）
2. 古鑫台與妻彭玉英合照（照片提供：孟慶玲）

# 第二代　返鄉團女領隊：何民玉

口述：何民玉（場員何烈林之女）
採訪：孟慶玲

我民國五十一年十一月出生在台東，但懂事以來是住在泰來農場，農場在光復到豐濱公路上忠孝橋附近。是個專門設計給退伍老兵生產蠶絲以養老的農場。

父親何烈林江西都昌人，民國一年出生。母親黃淑賢金門人，民國十一年生。父親跟著軍隊到金門，娶了母親，所以大哥大姊都是在金門出生的，二姊在桃園內壢生，我和小妹在台東生。

我在泰來農場附設的托兒所度過幼兒時光，後來進入豐濱國小泰來分校就讀，學校在我家的山坡下，每當校長從豐濱過來巡視的時候都會來我家坐坐。學校有兩間教室，兩位老師，一、二、三年級一間，四、五、六年級一間。每個年級不超出十人，每年級各自在教室的一個角落，老師輪流過去指導。記得體育課都是自己玩跳繩和踢毽子，音樂課由老師彈風琴教我們唱歌。

平日哥姊常背籃子去農場砍桑枝回來，我和媽媽則坐在小板凳上，戴上手套，一手拿桑枝，一手用力把葉子搓下來，還要晾乾，才能拿去餵蠶。記憶中我家的蠶室很大，裡面有很多層架子，放著一個個長方形大竹篩，竹篩裡放著桑葉養蠶。

每年春、夏、秋三季會有蟻蠶孵出來，蟻蠶集中在培育室裡，我家附近就有一座培育室，由技術員管理，大哥也曾當過一陣子助手。各家都要送嫩桑葉過去，等蠶脫過三次皮，就要領回去自己養，只要把蠶放在葉子上，它就會自己吃。蠶室要保持通風溫暖，溫度在二十二－二十五度之間，蠶怕冷，冬季不適合培育。還要防螞蟻，架子腳要撒石灰粉。

泰來分校的學生都是場員的子弟，當蠶兒長到身體有點透明，頭抬起來不動的時候，就要趁半天沒課在家製作網架，好協助蠶兒結繭。網架是用木頭做框，釘上鉤子，再用稻草搓成繩子，和紅色尼龍繩一起纏在細竹枝上面，再架在木框上，做成網架，然後把蠶放在網上，讓它吐絲結繭。記得我們通常會先上到馬路邊的小鋪買幾包王子麵，回家和姊姊坐在整綑的稻草繩上，一邊做架子，一邊吃麵當零嘴。很懷念的好時光。

等蠶結了繭，我們就要一個個拿起來，先淘汰不好的，再整理完整的，把外面的零亂絲線都剝乾淨，再放入大袋子裡，農場會派人來收走。

在泰來，同學都住得很分散，很遠。大部分住在學校的下坡台地，也有部分住在馬路對面山上。放學後不可能還在一起玩。回到家除了養蠶還要養豬，家裡有切地瓜葉的機器，用腳踩，葉子就能切成一截一截的，也能切地瓜，從上方丟進去就切成粗絲，再用大鍋煮，也會加進豆餅，煮滾放涼再餵給豬吃。因為小時候這個養豬的經驗，讓我後來有一陣子不能接受吃地瓜葉。但地瓜不同，因為外婆三不五時會寄金門的番薯籤來給我們吃，我對吃地瓜很有好感。

我家有一位志學訓練中心——現在改成安養院——分發過來做職能訓練的老兵，跟著我們住，協助我們養蠶，我不清楚別人家裡有沒有這類助手，因為住得太分散，沒有串過門子。另外每當有節慶，爸爸都會邀請單身場員來家吃飯，我也不知他們都住在哪裡？我家離農場場部很遠，或許是當時年紀小，記得要走上很久才能到。

很小的時候，我家住在山坡比較高的地方，有一年雙十節颱風，公家分配的房子垮了，房子是一棟有兩戶，兩家的小孩子都躲到我家加蓋的矮屋床下蹲著，然後才有人協助我們疏散到學校避難。

後來我們搬到馬路下方的山坡居住，記得屋旁有小溪流過，有魚有蝦，溪旁一排芭樂樹，有吃不完的果子。我大部分的童年都在這裡度過。大哥大姊忙著在外地求學，年幼的我整天只能跟著二姊轉，記得有一次和姊姊吵架了，正在氣頭上的時候，竟然發生了大地震，家裡的神主牌掉下來，我嚇得立刻回頭抓住姊姊的手，就怕她丟下我不管了。那次地震是在傍晚，餘震不斷，我們不敢進屋，門外有一張躺椅，媽媽抱著我和二姊，在躺椅上過了一夜。

民國六十二年二月我讀完五年級上學期的寒假，突然聽說要搬家，來不及跟同學們道別，就匆匆來到了光華農場。住在一村，是木板房，搭著油皮氈防雨。那時光華國小還是稻香國小的分校，剛創辦不久，沒有五年級，我因此得去東昌讀化仁國小。我每天和一群鄰居結伴走去紙漿廠前面搭公車上學，在海岸路南海一街附近下車，再走進去。學校很大，光五年級就有兩班。教導主任的家在學校旁邊開雜貨店，有一台電視機，一放學小孩子們就擠進去買零食、看布袋戲。

我家的田在現在的喇嘛廟旁，田裡很多石頭，爸爸帶著我們撿石頭，種水稻、花生、青椒，平日忙著插秧、施肥，農忙時還要和別人家換工。農場跟糖廠契作的甘蔗成熟時，大人砍甘蔗，小孩子就要排隊去領甘蔗葉，等要翻地時，爸爸去借牛，甘蔗葉就要拿出來餵牛。

一村有一個磚造大水塔，假日我會拿衣服去洗，後來發現現在華城七街貴州同鄉會會館前的水溝更好洗衣服，水很急又清澈，各家的媽媽、姊姊，都站在溝裡洗，一邊說笑，很是愉快。

小學畢業後家搬到了四村。後來就讀宜昌國中、國光商工，我都騎單車上學。畢業後一直做著會計的工作。等哥哥開了領元旅行社，我才幫他跑業務。

四村離堤很近，一次潰堤，泥流滾滾而來的景象，很是嚇人。記得那天颱風，媽媽正準備往加蓋的廚房去查看瓦斯桶，才走到客廳門邊，就看到水已經淹進來了。大哥見情況很糟，立刻騎機車去大姊家換一台七人座的汽車回來載人，爸媽抓著簡單家當，大嫂、二姊和我三人各背著一個小姪兒，匆匆在風雨中涉水逃到沒淹水的一村大街上，一村的村長林壁伯伯立刻招呼我們進屋躲雨，一邊等大哥開車回來載我們，現在想起來還是猛打哆嗦。等大哥把我們都載到大姊家安頓好，他自己又回到村子察看災情，看到大水浩浩，大批家禽家畜漂在泥流上的慘況，幸好人員都平安。

二十七歲我結婚了，婆家在市區裡，民國八十年生了女兒，婆婆因為在幫別人帶小孩，不方便再照顧小嬰兒，所以就由娘家媽媽幫我照顧，後來為了上班方便就搬回娘家住，幸得婆婆諒解，婚後我和先生才能在光華一住就三十多年，一雙兒女都是我母親帶大的，也都是光華國小的畢業生。

爸爸在民國七十八年返鄉，由大哥和媽媽陪著去。聽說車子在周溪鄉還沒進村就壞了，爸爸思鄉情切，顧不得修車，拿起行李就走。見到了當初留在大陸的我兩個哥哥，我爺爺奶奶和大娘都不在了，爸爸流了很多眼淚。後來爸爸又回去四五次，就因年事已高，改由大陸的兩個哥哥過來探望爸爸，爸爸賣掉一些田地，給老家修祖墳、修房子、修馬路。

爸爸的老年時光幾乎都是在「四鄰——農場時期的四村——土地公廟」消磨掉的，很多人在那裡打牌、聊天，爸爸有一台霹靂電動車，開著就是往那裡去找老朋友。我媽幫我帶小孩，也是用推車把小孩推去那裡玩，四鄰土地公廟曾是我家老人小孩都很愛去的地方，有我家很多的美好回憶。

爸爸民國八十四年去世了，媽媽在民國九十四年往生。家門口一棵芒果樹，記得夏夜裡兩老坐在樹下拿著扇子搖啊搖的身影。也記得孩子們小學時，兩姊弟在樹下擺了小桌小椅寫功課，我和媽媽在旁邊一面泡茶喝，一面玩撿紅點。這是我一生中最美麗的一環。

大哥陪著爸爸返鄉時，見到了返鄉潮的澎湃，覺得我們也有能力幫助伯伯們辦理返鄉手續，就在玉里開了旅行社，後來再遷領元旅行社到中正路現址。我也從此走入這個行業。原本只做內勤，後來跑業務的小姊去讀書了，我才接手她的工作。

帶老兵返鄉是時代性的任務，那時天一亮，就有人在門外排隊急著要繳費辦手續，我們除了高興這個行業的興旺，其實更多的是責任的承擔。四十年的相隔，從勃發的青年變龍鍾的老人，加上唯命是從的軍旅生涯不知世事的詭譎險詐，老兵的返鄉路其實迢遠又艱難。

除了我們光華，我那時最常跑的是榮民之家，鳳凰樹下一站，老伯伯就會一個個圍過來問，我把事先做好的宣傳單發給他們，有人就拿出存摺要我帶他去銀行領錢，那種急著返鄉，全心的信任依賴，讓人鼻酸也不由得感到責任的重大。嘉里、嘉新、志學忠孝村、防校旁邊的眷村都是我經常在跑的服務範圍。

收了證件和錢，就要趕快辦護照、香港簽證、台胞證，再安排機票日期。早年的班機都在七點多起飛，所以要趕夜裡一點的火車，通常都是哥哥半夜十二點開車到榮家或嘉里、嘉新去載伯伯們到火車站，我在火車站接他們。他們一到車站，我就要立刻帶著進站，團體票通常都安排在十一車廂，他們的行李都很大件，上下樓梯，跑月台都是大考驗。我們五點多在松山下車，車廂兩個門，我請伯伯們從一個門下，行李集中在另外一個門邊，我在車上拉行李，請一位力氣大的團員在車下接應，十分鐘之內要把人和行李全都下完，然後跑月台出站，再趕遊覽車到中正機場。

一到機場，就要趕快辦登機證及託運行李。搭上七點多或八點半的飛機到香港。在飛機上要把所有人的證件收齊，飛機一停妥，我就先趕著衝去辦下一站的登機證，有些伯伯當天就可轉機回家鄉，有些香港沒有飛，我們得搭直通車到廣州，到達廣州大約傍晚四、五點，先安排住宿，等全部安頓好，都半夜十二點了。大清早六點鐘，就會有伯伯等不及跑來敲門，我只得睡眼惺忪陪他們吃早餐，一一送他們到廣州機場，或廣州車站。看他們進入登機坪，或月台，這樣才算完成這趟任務。

有一次遊覽車在往機場的路上塞了車，到機場辦登機證的人超多，櫃台人員忙翻，就跟我說我已超過時間，來不及辦了，我鼓足勇氣，厚臉皮追著督導拜託，最後終於上了飛機。

還有一次是加灣的老伯伯睡過頭，哥哥開車趕去敲門，把伯伯送去新城火車站，幸好還趕得上火車。這位伯伯後來也特別感謝哥哥。

還有一回，是在花蓮火車站，一位伯伯走樓梯摔了一跤，屁股著地，受了驚嚇，上火車後猛打哆嗦，列車長很暖心，拿了一瓶酒來給伯伯推拿，非常溫馨。

有一位江西的老伯伯，也曾想來辦返鄉手續，但我怕他一個人走不孰悉機場路線，就跟他說等到有伴再幫他一起辦，不料隔年他就往生了，這事讓我一直記掛在心上，很是悵然。

我天生辨音能力就強，伯伯們的南腔北調，我都毫無障礙，也很得伯伯們的信任，把我當家人般關心。常常見到我就說有多少天沒來了，發生甚麼事了？很是親切。我懷孕的時候，他們說一定生男孩，因為我都用左腳起步。無俚頭的說法常弄得我哈哈笑個不停，老人家就像小孩子一般可愛極了。

做了這一行，圓了許多老兵的返鄉夢，也和老人家建立了好情誼，很多伯伯返鄉回台後，都會給我打電話報平安，讓我每天都很快樂，覺得人生越活越有滋味。有一次開車載姪兒回光華時，剛好經過防校旁邊要拿東西給一位伯伯，當時伯伯們都在一間屋裡參加某藥商的推銷會，見到我在門外，竟然全都跑出來圍著我高興地要和我說說話，我覺得好窩心，姪兒也說：「沒想到我姑這麼受歡迎！」我頓時臉面生光，得意極了。

近幾年返鄉熱度消退，伯伯們也已凋零殆盡，我們開始半轉型以旅遊為主，但我的青春歲月在過去三十多年中，都奉獻給了老兵返鄉團，大時代的故事，餘音裊裊的尾聲，一直在我心上傳唱著。

民國一一一年八月十三日採訪完稿

## 採訪後語

民玉經歷過泰來農場和光華農場，對於有興趣了解老兵如何安家落戶的人來說，無疑是遇到了寶。尤其是泰來農場遭到裁撤，已無跡可尋，沒想到透過民玉的敘述，半世紀之前泰來的孩子們養蠶剝繭的情景，卻還能活生生呈現在我們眼前。

大陸開放探親時民玉正當年富力強，當起女領隊，帶領老兵返鄉。是大時代故事尾聲的見證者。

感謝民玉樂於分享可貴的故事。

1.何民玉全家福，中間坐者為場員何烈林與妻黃淑賢，後排右二是何民玉。（照片提供：孟慶玲）
2.何民玉（右）和採訪者孟慶玲合影（照片提供：孟慶玲）

# 第二代　石頭夢：劉春興

口述：劉春興（場員劉必稼之子）
採訪：夏婉雲

（＊採訪地點：台北華山文創園區胡台麗紀念會會前）

胡台麗所拍的《石頭夢》主角劉必稼深深感動了我。六月正午陽光正熾，我約劉必稼之子劉春興見面，他從花蓮專程來華山園區參加胡台麗紀念會，我力邀他前來，二十六歲的獨子也來了，我和春興是初次見面，但在電話、LINE上已相熟。飯後連袂前往會場，胡台麗教授的紀念會共二時半，我們流連忘返不忍離去，追悼拍照直至六點，我見會場諸君各有所思、各有所憶，而記憶後面是龐大的友情喜與悲，胡教授的《石頭夢》架起了我和春興結緣的牽線人。

會後春興向胡教授之子李赫打招呼，他還記得春興，還記得《石頭夢》首映會時遵囑咐去車站接他，兩人相談甚歡，以下劉春興以第一人稱敘述家族的生命史。

溯源是非常有趣之事。我父親是噶瑪蘭人、媽媽是阿美族。宜蘭平埔族的噶瑪蘭人歷經不少磨難，在清朝時，由六個社集體落腳到花蓮新城鄉，一八五三年在花蓮最早建立開墾的，其中以加禮宛社為中心，因此稱此地為加禮宛。後來日據時經過了加禮宛事件，噶瑪蘭人散去不少，現在這裡阿美族比噶瑪蘭族多，就叫嘉里村。

嘉里村待不下去，我們噶瑪蘭人只好又往南找生機，最後一批迫遷到花蓮最南端的豐濱鄉形成新社部落。我去新社尋根，這是噶瑪蘭人聚集，在花蓮堅守之處。藍天碧海下連綿千里水稻田，有岩棺遺址與巨石，新社部落永保噶瑪蘭文化，在東海岸獨樹一幟，香蕉絲織布也透出傳統文化之光。有別於東海岸其他部落，我們部落較為內斂、堅毅，像我們噶瑪蘭人含蓄的個性。

而媽媽這邊就是嘉里村的阿美族。媽媽說她小時候，嘉里還沒有設國小，必須走一個多小時到美崙、再過中正橋到明禮國小讀書，當時貧窮而路遙，大多孩子沒畢業就輟學了，母親的兄弟姊妹都是這樣。爸媽在這艱苦生活，民國三十四年，聽說移民的豐田村日本人大撤退，我們就從新城搬到壽豐鄉移民村去開墾。我有一個哥哥、三個姊姊。我五十年次，爸爸在我一歲時勞累過世，他太早離我而逝。

媽獨力帶著五個小孩在豐田艱辛過日，幾年後我看到家裡有一個外省叔叔出現，沒多久，媽媽就跟這個湖南人結婚了，他就是叔叔劉必稼。這裡多得是外省老兵娶了喪偶的、聾啞的、貧寒的，因為老兵孤寂一生，在外生活要有伴。

這耿直老實的叔叔沒有給媽媽聘禮，認為我答應養你們五個小孩就是最好的聘金，村裡很多人都是「你不嫌我醜，我也不嫌你窮」老夫少妻的結婚。

我有三個姊姊，大姊約五十七年就嫁給一個來台的河北籍軍人五十七、五十八、五十九年計生了三個女兒，二姊小學畢業後就在小阿姨家給她們當女兒，三姊嫁給同是我們豐田老家附近的村內人，結婚生女皆在北部，現居楊梅。我對姊姊們都很尊敬，印象中我自懂事後至今從未和她們吵架或忤逆過她們，尤其是大姊，母親過世後我心裡誠摯拿她當「長姊如母」，遺憾的是病體無享高壽，七十歲逝世。

我後來知道：叔叔粗壯力大，在豐田參加搬石頭比賽得了第一名，陳耀圻當時是在加州大學為了電影碩士論文回國拍畢業片，找到了榮民最多的花蓮，找到了黝黑、沉默的叔叔。他認為是成長於農村的中國人代表，選他為拍片主角，現在想來是年輕陳導演獨到的眼光，不選呱噪愛講話的人，就單單看上他，以叔叔為名，拍成了第一部台灣平民身分的經典紀錄片《劉必稼》。

叔叔五十四年加入東部開發大隊，退伍初期都住我們豐田老家，約五十八年才先行到吉安光華開墾，初期他都兩頭跑，到六十年分到農地我們才舉家搬到光華。我在壽豐鄉豐山國小唸到三、四年級（民國六十年左右），叔叔到吉安二年後，舉家遷到吉安鄉，我過繼給叔叔，叔叔的田地、房子將來要有繼承人，就收我做養子，我改姓劉，如此讓他心安，其他兄姊還是姓偕，我才轉學到吉安鄉南華國小。

花蓮炎熱，大人為了養活七口之家，整天在烈日下勞動。我們也跟著叔叔、媽媽耕種旱田，種最多的是花生、玉米、甘蔗。小學時我看到做老師的不要日曬雨淋、在更生日報社的都吃得飽，我非常難過、自卑。

叔叔是老好人，默默負荷著一大家子。每次和姊姊們談起，姊姊也由衷感謝。農閒時，叔叔還騎單車到花蓮機場去打工，掙一分是一分。

早期到光華農場，土地是自耕、農具是公家的，有點像農民公社；水牛家戶須輪流飼養，小時候村子小孩都放過牛。那時農地放領每戶一公頃，包含現在住的房屋也是農地，無房屋執照。

我宜昌國中畢業之後也考上省立花中，想要減輕家裡負擔去讀軍校，前一年剛好是蔣經國總統過世，三軍幼校都停招，新開辦了中正預校，所以我十六歲就到鳳山讀書，畢業後又讀陸軍官校，七年在外，之後一直在南部軍中服務了十年，因志不在軍中少校就退伍，回花蓮侍奉雙親。

胡台麗對「榮民」中屬於弱勢少數的榮民，用參與、觀察方式持續關照。和陳耀圻一樣，胡導演選擇外省榮民比例相對高的花蓮作為密集田野地點。

胡台麗在吉安田野期間，有一天，在村子戶長名冊中發現了陳耀圻《劉必稼》

中的主角，發現叔叔已經搬到吉安來了，她欣喜萬分，決定要續拍，事隔三、四十年後，記錄劉必稼在花蓮光華農場耕作的後半生，要用漢原婚姻，顯影人們在土地上互相認識、依存和保衛之道。

拍《石頭夢》時，我家常常有人進人出的。一次，拍片飯後，胡教授堅持要洗我家的碗，她非常謙和有禮，令我感佩。紀錄片中在木瓜溪畔，我們在撿石頭。她又直率的問我：「這裡沒有外人，只有我跟你，下面我問你的話，如果你不願意PO出來，我會剪掉不用。」接著她問：「你對父母的婚姻，你媽媽當初選擇叔叔，你覺得如何？」那時我有妻兒已四十歲，想了一下，回答著：「我寧願還有別的選擇。」我當時心裡是想：「如果有別的選擇，希望我家會比較不貧窮，我的三個姊姊，能夠受更好的教育，只讀到國小太可惜了。」我家只有我讀到大學軍校，三姊大我四歲（四十六年生）從豐山國小畢業後就無力升學，先在家裡幫農，後去北部中壢紡織廠當女工，開始她的人生。

大哥年紀較大，看到父母的婚姻，感受頗深，過不了關卡，他把豐田的家產都敗光了；在豐田我們家境還好，但豐田的地太便宜，據母親說我們賣了叔叔的地才換了一輛機車，當時的機車很貴，豐田的房子是木頭蓋的，上面鋪茅草，值不了多少錢，就舉家搬到光華村。

我還是非常感謝叔叔讓我一家五個小孩能夠溫飽，否則媽媽沒有能力養活我們。每次和三位姊姊談及，皆是心懷感激。

我是一個開朗內斂的人，十六歲離家讀預校，也還能適應環境不太自卑。記得母親九十二年過世，叔叔放聲慟哭，哭著要回湖南老家一下，我們一直苦苦相勸，說：「這裡就是你家，我會養你。」那時我有妻兒已四十三歲。

民國九十四年完成《石頭夢》，首映會時我已退伍在家，胡教授力邀我陪叔叔北上當貴賓，叔叔不知要穿什麼衣服，還是和我盛裝打扮去了真善美戲院享受尊榮，陳總統和呂副總統還上台致詞鼓勵我們家。

禮讚之後回到花蓮光華，其實我是退到木瓜溪畔沉思：「光華村垃圾掩埋臭味這麼嚴重，沙石場吵亂問題怎麼解決？這些現實問題都不見影片中，帶隊抗爭怎麼解決？」

一〇三年六月我侍奉十四年後他過世，叔叔原籍籍無名，劉必稼的名字因兩部影片全國知名，至今，中老年文人及一般人皆知道他。作為他的後代，我也常思考我的人生該如何走？我喜歡讀書寫作，文筆也常被誇讚，我要如何規畫我的人生？

有些同袍退伍後，拿了退休金做生意幾乎99％都不成功，像我這樣保守度日的人不多；剛解甲歸田回到花蓮，除了撿玫瑰石，就是幫光華村抗爭垃圾掩埋場，向鄉公所爭取村民權益，算是彼時光華村的領導抗爭人；後來覺得公權力沒辦法改變，也就非常灰心地停下來。我在退伍後七年之後才進入第二春的工作，上班非常忙碌，就不做公共事務了。

民國八十九年進入花蓮自來水公司擔任工程監工，彼時已三十九歲，現在六十一歲再過四年就從自來水公司退休。我一直喜歡撿花蓮玫瑰石，我喜歡看書思想，喜歡風雅地收集玉石，寫寫東西。如今，獨子彥佐二十六歲，已大學畢業，在台北做廣告設計，我夫婦倆就在花蓮安度晚年。

民國一一一年六月十四日採訪完稿

## 採訪後語

人與人的相識真奇妙：劉必稼因婚配而收妻之子春興為繼子，三四十年後胡台麗在花蓮找到劉必稼，因驚喜決定續拍此榮民。胡台麗因劉必稼而拜會陳耀圻。胡台麗真心待人，在劉必稼家中拍片而和四十歲的春興結識成終生朋友。我因是吉安鄉人曾住在光華村對面而不識此村，必誓言找到光華村而後甘。（因看過《劉必稼》、《石頭夢》而找到劉春興）

禪學大師南懷瑾在一次為去美國留學的同學聚會上，懷瑾師用一兩分鐘即興寫出了這首歌詞，字裡行間有禪意。並問在場的台灣著名音樂人楊弦先生能不能譜成歌？隨後楊先生花了一個小時譜曲而成，並命名《聚散》。歌詞甚好，可做採訪的結語。

《聚散》

桌面團團，人也團圓，也無聚散也無常
若心常相依，何處不周旋。
但願此情長久，哪裡分地北天南
**但願此情長久，哪裡分地北天南**

劉春興隨叔叔看人世，走過許多風風雨雨，看過多少聚聚散散，如今胡台麗已矣。人與人聚時天碧水澈、笑如煙花、風雨相扶，散時秋風掃盡，紅顏已逝、花敗水流，但願此情長久，哪裡分地北天南。

胡台麗研究台灣外省榮民口述歷史，陳耀圻和她皆選擇榮民比例相對高的花蓮作為密集田野地點。根據不同居住型態，胡台麗將外省榮民分為四類：（一）眷村榮民（如公正新村）、（二）單身榮民（榮家）、（三）農場榮民（如光華農場）、（四）散居榮民（退伍後散居各地的榮民），這四類外省榮民都有豐富的故事，值得口述，我也依循找到許多故事。

胡台麗在《性與死》中有篇〈劉必稼顯影〉，描述他拜會陳耀圻、首次接觸劉必稼的情景，非常感人。而胡台麗說「石頭」是《石頭夢》最重要的象徵，她說：「將辛苦在石堆中開墾的劉必稼一代和喜愛撿拾與玩賞石頭的劉必稼兒子那一代連繫起來。劉必稼和他的家人如同玫瑰石般外表黝黑平凡，內裡卻蘊含瑰麗高雅的景緻。」

我也以此感覺，寫了一文〈搬〉放於本書輯三獻給兩父子，此文今年得後山文學獎的小品文優選。

1/2

1.劉春興伉儷劉彥佐全家和胡台麗（左一）導演合影（照片提供：夏婉雲）

2.夏婉雲訪問場員第二代劉春興：於華山文創園區胡台麗紀念會會前，民國一一一年六月十四日。（照片提供：夏婉雲）

# 第二代　受虐兒：徐蘭香

口述：徐蘭香（場員徐瑞龍之女）
採訪：孟慶玲

我民國五十五年十一月出生在花蓮，有記憶起就在光華農場了。

外公外婆家在富里，是客家人。聽說極幼小時曾在外婆家寄養過，但我不復記憶。我小名丫頭，整天在村子裡撒野，當時我們新五村常在一起玩的有：我和周秀蘭、李秀花、高國明、周寶珍兄弟、林繼武兄弟、周輝禮、周輝祥兄弟、李先輝兄弟、周建忠、葉聰義、姜達財等人。平時各玩各的，打彈珠、丟沙包、跳房子、跳橡皮筋……李秀花常有好吃的分給大家，超級大方的啦！偶爾大隊人馬一起玩，還分成「上部落」「下部落」來比賽，像過五關斬六將，水鴛鴦、大龍炮，直接拿在手裡爆炸，記得還有把炮丟在牛糞上，一爆炸，大家臉上都是斑斑點點的牛糞，陽光、笑聲，是我們無憂的童年。我有兩個弟弟，大弟徐鳳鳴，活潑調皮，是家裡的天之驕子；小弟徐鳳琴，眉清目秀，卻生來智能不足，活在無是無非的單純樂天裡。

父親徐瑞龍，安徽省壽縣豐塘村人，民國十八年生，家裡務農，生活極苦。十四歲跟著他表叔從軍，從此遠離了家鄉，那時有「一戶出一丁」的徵兵政策，父親當時雖未成年，但他只有一個姊姊和一個智障的弟弟，軍方就虛報父親是民國十四年生，於是當起了娃娃兵，爺爺奶奶也因此拿到一點補償金，讓家裡好過一點。父親在部隊當伙房兵，我只知他一直跟著開發隊。

我母親有精神上的疾病，我童年的陰影泰半都來自於媽媽的病。媽媽常打我，有理沒理都先打一頓再說。每當我媽站在門口大喊：「ㄚ頭」就會有人跑來跟我說：「妳媽要打妳了，妳趕快跑。」我兒時在田裡奔逃，而我媽在後面追打的畫面，還常在很多長輩口中被提起。我家加蓋的低矮廚房有一根大樑，我媽抓到我，就把我的手綁在樑上，脫掉褲子打我屁股，而鄰居同學站滿牆頭看我挨打，那是我傷痛的童年。

我家分配有一甲地，爸爸帶領我們全家種水稻，插秧、下肥、拔稗子、收割、打穀、曬穀……那時每家前面都有曬穀場，每個鐘頭都要出去把穀子翻一下，才曬得勻透。爸爸很勤勞肯幹，除了種稻，還出外打工做板模，家裡還養了雞、豬、牛做副業，放牛一直是我的任務，記得通常爸爸會先看好可放牧的地點，然後隔天我上學時就牽牛去爸爸指定的地點，打下木樁，讓牛吃草，才去上學，放學時再去把牛牽回家。賣牛的價錢很好，可以增加家裡不少收入。

平常家裡升火起爐子都是我的任務，小火爐升好火，媽媽就接著煮飯、炒菜；

我還要升洗澡筒的大火爐，如果遇上下雨，柴火潮濕，怎樣都升不起火，媽媽就會打我，所以我很害怕下雨，下雨令我憂鬱。

過年過節眷村裡的爸爸們，忙著灌香腸、曬臘肉，祭拜祖先，小孩子們這時節可以吃到很多肉，是一年中最快樂的時光。

在光華讀小學是沒有體育課的，因為體育課都被用來撿石頭、挖石頭了。大人們在田裡耕作，要先除石頭，而我們小孩子到學校也是在除石頭，因為光華是從木瓜溪溪床開墾出來的，那時跟石頭的搏鬥真是沒完沒了。

農場當時有種甘蔗，用小火車運出去，孩子們就跟著慢吞吞的火車跑，然後把甘蔗給拉下車來，再一同分享這戰利品。

還有當時木瓜溪河壩種滿了西瓜，李愛的同學周浙台——後來改名潘閩宏——的爸爸在他家田裡也種西瓜，我們都有去打工，幫忙用沙袋育苗。頭瓜賣出之後，二瓜、三瓜成熟時，周爸爸就會叫我們去吃西瓜，把瓜在石頭上一敲，剝開就吃，痛快極了。

還有記憶很深刻的，就是我班的班長周秀蘭長得超級漂亮，我們班導當時也沒大我們幾歲，有些男生調皮起來連老師也管不住，但是周秀蘭一出面，男生們就服服貼貼的，不管平時假裝有多大尾，在美人面前都成了乖乖牌。班長畢業後去了台北，據我所知，班上很多男生都有北上去看過她。她是我們小學生涯中可懷念的美麗光點。

光華國小畢業後我進入宜昌國中，起初都擠公車上學，那時公車有特別進入農場，還設了三個站，但是後來經常脫班，等不到車，就改騎腳踏車通學。記得那時跟我一起長大的蒲秀花，已經出落得亭亭玉立，放學時總有一大群男生來搭訕，我義不容辭充當起護花使者，回家的路上幫她擋掉許多麻煩。

那個年代重男輕女的觀念很嚴重，我國三時，父親表示沒有錢再供我升學，要我就業。於是我從升學班轉到放牛班，很是失落。

國中畢業後，我和要就業的同學坐上台塑紡織的遊覽車，北上關渡廠，展開了新的生活。

女工的日子分三班制，一站就八小時，空氣中都是細小的棉絮，環境很差，口罩要戴緊緊，伙食中天天有豬血湯，聽說有清肺的作用。但我在紡織廠四年，肺還是搞壞了，常常感覺缺氧，很不快樂，後來很想很想讀書，就毅然決然辭去工作，雖然那時已經升到代理班長，薪水將近三萬。

我轉到台富餅乾半工半讀，起先讀桃園的成功工商，後來轉去三重的東海高中讀美工。完全靠自己支撐著學費和生活費，當然沒有餘力再給家裡寄錢，爸媽為這事很不諒解，但我有滿腹委屈，也深深感到身為女兒的悲哀。

小時候在家吃飯，媽媽都不讓我上桌，我只可以拿著碗蹲在牆角吃。有時走過去夾菜，媽媽總是用嚴厲的眼睛瞪我，讓我畏懼，往往就打消想吃的念頭，我因此骨瘦如柴，剛踏入社會工作時，很多同事都謔稱我是衣索匹亞的難民。

出社會之前，我從來沒吃過雞腿，那是弟弟們的專利。出了社會賺錢回家，有一次爸爸叫我吃雞腿，我非常驚訝，遲疑著不敢動筷，沒想到爸爸說：「妳吃吧！妳弟弟他們不吃。」原來弟弟們已經吃到膩了，我頓時五味雜陳，涕笑交迸，無法言語形容。

但我知道爸爸還是疼我的。媽媽病發時打我，也曾拿刀追砍爸爸，爸爸知道無法隨時保護我，只能時時叮嚀、恫嚇媽媽：「絕對絕對不可以打她的頭，要打就打屁股。」於是媽媽昏亂時瘋狂打我，打得我遍體鱗傷，清醒時又幫我塗藥，我就在新傷壓舊傷中長大了，幸好也都沒傷到我的腦袋。媽媽晚年得子宮頸癌，我陪她住院治療。那天她躺在病床上靜靜看著我，輕輕說：「ㄚ頭，妳長得真漂亮，可是我以前對妳很不好。」說著就用手抹眼淚。我悲從中來，千頭萬緒一起爆發，抱著媽媽嚎啕大哭，多少委屈、多少幽怨全化成了淚水。媽媽過世後，幾十年來夜裡折磨我被追打的夢魘再也沒出現過了。

我出社會賺錢之後，每次回鄉，爸爸都騎機車到車站來接我，讓我有獨享專寵暖到心窩的感動。我結束了北漂的生涯，回鄉定居，一次出車禍傷了腳，只能用另一隻腳跳著上樓回房間，大弟當時已經在當警察，他上班之前上樓來看我，問我吃飯怎辦？我說我自己在樓上隨便煮個泡麵就好。沒想到爸爸說：「我來煮，端上去給丫頭吃。」─前所未有的受寵若驚，讓我霎時濕了眼眶。爸爸是伙房兵出身，超會煮飯菜，享受著暖暖父愛，感到無比的幸福。

父親回大陸探親很多很多次，首次返鄉是在民國七十八年左右，他要求我陪他同去。當時我在台北有車有房，儼然小資女自居，工作時間很自由，便陪爸爸踏上了返鄉之旅。我們先參加旅行團，遊覽了十五天的珠江三角洲，團體行動結束之後，我們父女二人便直飛合肥，轉搭客運到壽縣，再包計程車到豐塘村。回到老家，見到了年邁的姑姑和叔叔，還有熱情大方的表兄弟姊妹們，聽說了爺爺奶奶在文化大革命中活活餓死，父親忍不住的淚崩，去祭了墳。

老家真的很窮苦，住的房子牆是泥巴和著稻草糊成的，我夜裡睡著後被跳蚤咬得滿腿是疱，紅腫久久不退，奇癢難忍；吃的也不對，我在那邊上吐下瀉，弄得很虛弱。父親託親戚請來密醫幫我打點滴輸營養液，我看那針頭又粗又硬，簡直比我血管還要粗，實在驚心動魄，戳了我身上的許多處血管都不成之後，最後打在腳背上了，本來要打兩包，但他們這邊的點滴每包都要重新換針頭，打完一包之後，我連忙自己拔了針，拒絕再打第二包，嚇死我也！

在老家聽說許多異聞很是新奇：

（一）據說我們族裡有一位姑姑會醫術，只要有轎子來抬，她沒有不出診的。鄉人都窮，她也不收取費用，大家奉若神明。

（二）大陸實施一胎化，如果有人偷偷超生被舉報了，半夜會被拆屋頂，還特挑雨夜來拆，讓雨水灌滿一屋子。

我因為水土不服，在老家那十天，就像隻病雞，有氣無力。但爸爸不同，他回到日夜思念的家鄉，特別興奮，到處走親戚，訪故友，把帶來的美金全都散光光，有個表哥還跟爸爸討戴在手上的金戒指，但那是我送給爸爸的父親節禮物，所以父親拒絕送人，但最後我看金戒指也不在了，我心裡有數，就不再提起。

從大陸回來之後，父親常嚷嚷：「他們就是要錢，不去了，不去了。」但兩年一到，他一定還是興沖沖地回去，從來沒有間斷過，一直到他過世前幾年才停。我只陪他回去一次，後來都是繆應學叔叔陪著去，繆叔叔是同鄉，兩個有伴。

記得有一次父親從老家揹回來一袋白煮蛋，在路上就已經臭掉了，他還是揹回到家，面對一袋子的臭蛋，我們問他怎不在機場就扔掉？爸爸難過地說：「捨不得啊！」我了解那份不捨，那是老家親人們的情意，蛋就是臭了，情還是沉甸甸、暖烘烘掛在心上的。

又有一次，我看爸爸在院子裡挖土，問他有甚麼寶貝在裡面？他笑嘻嘻說是「白霉魚」原來老家冬天下雪結冰，他們把湖裡抓來的魚埋在凍土裡，來春才挖出來吃，魚身上會長一層白霉，故稱「白霉魚」。父親返鄉後回味了兒時吃過的這道佳餚，非常懷念，回台灣後就在院子裡如法炮製，不料引起嚴重的腸胃炎。我們聞著明明腐臭難忍，但父親因為懷舊情深，竟然能夠烹煮吃下去，我的心有一陣又一陣的疼痛。

我美工科畢業後先在新北市一個鋼材場工作，後來轉到廣告公司，專作建築看板，後來我自己當起廣告公司老闆，這時期爸媽要我帶著小弟過日子，所以我帶他北上試試看，弟弟很聽話，單純的掃地擦桌子可以，再複雜一點他就學習不來了，而且害怕他被人利用去做壞事，我帶著他也做不了事，三個月後，我只好又把他送回家。廣告公司收支打平，賺不到錢，我又到專作馬自達貨車車斗的工廠當會計，這時期我去考了自小客的駕照，老闆叫我再去考貨車駕照，我沒去考，但那時我就曾駕著馬自達大貨車的車頭，從濱江街穩穩地開到了五股去停放，是一個很特別的經驗。後來我去考了小客車職業駕照，用榮眷的身分買了一輛車，靠行開起計程車。這之中曾載過一位在環南市場批漁貨的客人，他的貨大多是透抽、花枝，起先他要求我每天早上五點先去載他到漁市場，再去跑計程車，後來每當他要跑中南部去看貨時，就叫我開他的賓士載他去，變成他的專屬司機，也曾跟著他去大陸、海南島、越南看漁貨，幫他開車，收入非常豐厚，我在五股工業區買了四十坪的房子，有房有車，我很得意自己能有這樣的本事，這時期我還帶爸爸去新加坡、馬來西亞遊覽，台北市場的高檔水果也一箱箱往家裡寄，爸爸應該會以有我這女兒而感到很安慰吧？

但事情就敗在一個「貪」字，當時很多錢在手上，我想把錢借給人，收取利息，不失是一個增加財富的方法，誰知幾百萬就因此進了火坑，好朋友反目成仇不說，對身心的折磨，對人性的懷疑，幾乎把我整個擊垮。最後我賣了房，賣了車，離開傷心地，回到花蓮結束了北漂。

爸爸曾經很自豪，沒有賣田地就蓋了樓，那是因為爸爸勤儉持家，加上我和大弟賺錢都有回饋給爸媽。民國九十四年我回家之後，就在父親的老農舍上加蓋了一層鐵皮屋，當我的蝸居，並且積極參加職訓局的課程，想要重新開始。民國一〇〇年我開始了南漂，先是去了做義肢的工廠，後來也幫著高雄阿姨做紙紮。一〇一年父親胃癌過世，一〇二年我結束了南漂，一〇三年小弟在玉里榮醫的療養院往生了，兒時爸媽以小弟的生日——剛好是蔣公誕辰——為我們三姊弟一起過生日，深深記得我們吃著麵包，抓著糖果樂不可支的小模樣，天倫之樂，斯樂永不可再作了。

回想這一路走來，與親人間的磨擦總是愛怨糾結的，流光似水，我在笑涕交錯中已年近花甲，這些年來我努力學習拿到許多證照：大貨車駕照、堆高機技術士證、急救訓練、擋土支撐衛教訓練、乙炔熔接衛教訓練、營造業職安業務主管訓練、缺氧作業主管安全衛教訓練、露天開挖作業主管安全衛教訓練……感覺自己已練就一身本領，但畢竟年事不輕，我真的無法再以女兒身去做男人的粗工了，我該好好靜下來面對自己失落的青春……

挨打長大的童年讓我恐懼再陷入家暴的泥淖，幾段愛情因此無法開花結果。我一直好強，像個女漢子在拼命，想向爸媽證明我不比男兒差。但如今爸媽都不在了啊！爸媽早就肯定了我的乖巧、我的能幹、我的孝順……我做女兒的成績單早就及格可以畢業了啊！我該回過頭好好愛愛我自己了。

感謝父親留給我兩分多的田地，我要趁著還有體力好好打造我的桃花源，種一些自己喜愛的香草香花，栽一些愛吃的菜和水果，找幾個知心的朋友喝茶聊天，笑看前塵往事，淚光中一切無怨無悔……

民國一一一年七月五日採訪完稿

## 採訪後語

第一次見到蘭香是在巡守隊夜裡值勤時，一個纖細身材，穿著整齊制服，梳著馬尾的年輕女孩，當時我暗暗心驚，因為我以為巡守隊都是老人家，沒想到白天要上班的年輕孩子，竟然願意深夜出來巡邏。

後來每次參加社區任何志工活動都會見到她，感覺她對公共事務充滿熱情。有一次清潔隊來我田邊砍雜樹，又看到女孩穿著工作制服，手拉著繩索，在控制樹倒下的方向，啊！原來她是清潔隊員！她見到我，興奮地揮手喊著：「孟老師！」我真驚喜，原來她認得我呢！

後來她時不時就在我門口放一把菜，或擺一堆水果，總是說：「朋友給的，幫忙吃。」覺得她朋友真多，人緣超好。

當打聽得她是場員第二代時，我就決心要來聽聽她的故事。

沒想到蘭香的故事，成長的每一階段都讓我揪心的疼，好幾個晚上甚至邊寫邊流淚，在這沒人關心的偏遠荒村裡，究竟有誰看見老兵女兒成長的掙扎？

感謝蘭香樂於分享她的成長故事。

1.徐蘭香在嘉德花園，金針花盛開時節。（照片提供：孟慶玲）
2.徐蘭香和採訪者孟慶玲合影。（照片提供：孟慶玲）

# 第二代　慷慨豪邁：曹純明

口述：曹純明（場員曹秉仁之子）
採訪：劉春興

## 前言

今年六月十四日參加胡台麗追思紀念會，在松山華山園區我與兒子——彥佐第一次見到了夏婉雲老師。她請我們吃午餐，是日會面相談甚歡。老師給我父子的印象是個充滿熱情、活力及對周邊事物好奇的人，這和我崇敬的胡台麗博士有同類特質。

返回花蓮後她邀請我一同紀錄光華村歷史。我被她的熱情及看了她與孟慶玲老師彙編的文稿打動，決意一試。我思前想後，村子裡榮民第二代子弟，哪個人是我的目標？人物選定後，經連繫他欣然同意，但因彼此忙於工作，斷斷續續訪談了三次仍嫌不足。

溯源及表達自我關照，藉由文字闡述攤在眾人眼前，難免讓人猶豫、怯步或掩蓋許多真相而缺乏真實性，本篇採訪試著仿效二〇〇〇年諾貝爾獎得主高行健鉅著「靈山」，以曹純明主人公為第一人稱及第二人稱當敘述主體、交互訴說，共同回顧那些年、那些事。

（一）

你說父親（曹秉仁）民國十九年出生在六朝古都南京（金陵），家中排行老二，上有大哥及兩個妹妹。祖輩經營糧商，有個不缺衣食的家庭。你父親口中的爺爺是個不管家務的爺們，家務操持全落在奶奶肩頭。奶奶是個女中豪傑，她腰佩雙槍押運糧貨，在那個年代又幾人能夠？

約在父親十五歲時，奶奶因腹疾去世（當時醫學落後，研判是大腸癌）。奶奶過世對你父親影響深遠，他極盡哀痛。後來因為貪玩受同伴慫恿當了兵，跟著軍隊來到台灣（你說父親談加入軍隊這件事他語帶保留說得含糊，沒準當初是被騙或被抓去入了國軍）。到了台灣初期在屏東傘兵部隊，再後來到了台東知本加入開發隊，就在那時期經介紹結識台東建和的卑南族姑娘組成家庭。

（二）

我對奶奶最是佩服，希望時光倒流，讓我目睹奶奶的巾幗不讓鬚眉。民國六十三年我出生在現居地光華村，在家排行老么，上有兩個姊姊、一個哥哥。或許是家中么兒之故，備受父母、兄姊的疼愛與照顧。從小就調皮搗蛋，大過不犯小錯不斷，但在家人眼裡我仍是家裡淘氣寶貝。

記得小學時家裡還種過莊稼，父親曾當過莊長。我也同其他鄰居小孩一樣，課餘時間跟著父母下田搞農務，舉凡種玉米、拔花生利用假期賺點零用錢，那種生活意象是大伙兒的共同記憶。印象較深刻的是當時因光華土地貧瘠，耕地全是沙石不適合種植水稻，因此農場去山上拉黃土來改良，當時我最喜歡坐上大卡車跟去月眉山邊拉土填地。

我升上宜昌國中後自以為該告別那懵懂的年代，要晉級學會抽菸，翹課，校外打架……進而國中二年級時逃家、休學。那段時間曾在梨山果園打工，因在山裡面前不著村後不著店，處在山坳裡幾乎與世隔絕，實在不習慣，不到一個月就去台北三重一家工作條件很差的電鍍工廠工作。期間家裡也託人來看過我，但我著實無心於課業，加上出走是自己成長的宣示，即使心裡想家，想村子裡那幫兄弟，面子還是得顧，如此折騰了一年，我才又回到學校重拾書本，晚了一屆畢業。

## （三）

你國中畢業後就不再升學，遊蕩乏味後終想步入職場，選的工作是在卡拉OK、酒店當服務生、少爺（你的大哥——小京退伍後也在當少爺）。當時這類娛樂事業欣欣向榮，上班的小費高，你很喜歡這種夜生活，因此過得還蠻愜意的，每次下班後就邀集三五同事、朋友去別家店捧場消費，你當時確實暗自竊許自己尚未當兵已融入社會，且是這環境中打滾的「少年兄」。

你後來也見到這個環境的複雜，身邊有人沉淪毒海、迷戀於慾海而不可自拔。直至兵單下來，你確實痛定思痛想藉著服義務役期間改變自己。誰知道你這個甲等體位身材在選兵時只因身上的刺青，心裡屬意之憲兵被剔除，後來分發到馬祖莒光地區——東莒島（該島比西莒島小，統稱莒光地區指揮部），在兵器連當伙房兵。在東莒這個小地方渴望改變自己，待退伍時讓家人刮目相看。

當時軍中生活枯燥無味，白天大多構工、出操（本職訓練）或支援百姓雜務；閒來無事，你最拿手的娛樂就靠東莒那僅有的二家卡啦OK，混這種場所，對你這能喝能唱的人來說可是駕輕就熟，加上你擔任伙房兵這個邊緣兵，時不時晚上就溜號在卡啦OK店鬼混，你還曾因此被關了「禁閉」。你還因為在島上「一筆走天下」可以簽帳，退伍時父親還幫你償還積欠約二十萬元的娛樂費，你自責自怨是個不肖子。

（四）

退伍後我做過冷氣、冷凍，油漆粉刷，木石創作工作。前後開過二次卡拉OK（酒店），因自身政黨色彩強烈鮮明，經營受管制的八大行業，在執政者特別關照下都被迫關門。在光華村這個小村子晃盪溜達，稍有點風吹草動或幹點不起眼的小事，鄰里叔伯總會背後指指點點，傳入父親、家人耳裡自然不是滋味。

九十一年簡哥當選村長，以往都是第一代老伯伯擔任，老伯伯村長對上面政令都像當兵一樣……絕對服從，當個啞口順民。簡沛然是榮民第二代子弟，大我們十來歲是我們的老大哥，是首位擔任村長的人。當時很多人都對他寄予厚望。簡哥村長任內積極帶領二代子弟，反抗外來對村內所加諸的不義之舉，特別是對村里帶來臭氣、臭味的污染設施展開抗爭。此舉一些老人家對他的行事做法有微言，因此從他任內村子就不平靜了，加上台開工業區內及村內陸續蓋了農舍增加的新住民，他雖有心為村子做事，卻因：為人海派與民進黨民代皆能圓融相處，有心人藉機耳語、造謠，簡哥私下對我們說他感到灰心。我看在眼裡，心裡明白得很，那些扯後腿、挖牆腳的人是他灰心的源頭。他當村長四年期間，我們這群小老弟都全力的力挺他，任何活動，抗爭動員總義不容辭、身先士卒。回想當年每當活動結束，大家把酒言歡，場景歷歷在目，最是快樂。

## （五）

四年後簡哥競選連任失利，民國九十五年國民黨提名的葉光南選上。至九十九年簡哥見你熱衷村內事務推舉你出來選村長，並和幾位二代老哥們向你父親遊說，父親了解拗不過篙哥，終於首肯。那次選舉你們團隊使出洪荒之力，氣勢如虹勝算在握。但現實的時勢其結果令人扼腕，你落選了。經此選舉，令你看清政治現實及國民黨為何現今孱弱不堪的原因。選舉輸了，父親卻以你為榮，因為他看到他的黨對他兒子及對他使出的手段。

## （六）

九十七年間（我選村長前二年），有朋友邀我加入「中華統一促進黨」。我當時對這個黨沒概念，因當年這黨少有政治活動，直到一〇二年六月「張安樂總裁」由大陸返台，當時據報約有三千五百人前往機場接機，經媒體大肆報導後，大家才慢慢認識這個黨。我打從心裡自承是華夏子孫、我是道道地地的中國人。因此我對總裁「一國兩制相尊重，和平統一共繁榮」的主張堅守不渝。自那時起，只要是黨有任何活動都盡力參與，因此受到肯定，在一〇六年接任花蓮「定國黨部主委」。責任在肩，可喜的是黨部同志很團結，任何活動總是一呼百應，在島內打響定國黨部名號。

一〇九年的第十屆立法委員選舉，承蒙總裁召見，要我代表我黨在花蓮參選立委。我先不考慮知名度，我哪有資源去跟國民黨的政治明星「花蓮王傅崐萁」及「民進黨立委蕭美琴」競逐。後經總裁說明及盱衡島內政治局勢與我黨處境，若能藉此機會在街頭上大肆宣揚我黨「一國兩制、和平統一」的理念，向民間傳達日本「勝海舟——江戶無血開城」避免血戰犧牲無辜百姓，正是我黨的責任。

選立委這件事雖知艱辛，我卻抱「雖千萬人吾往矣」之信念與黨員同志積極投入，既可預知選舉結果，心裡就更無罣礙放手去做。那時候宣傳車每天在大街小巷，不同街口擴音器不停播放著黨歌〈保衛大中華〉：「中華民族，驕傲的民族，我們是龍的傳人……」及〈大中華〉：「我們都有一個家，名字叫中國……」。我們就像在街頭、在鄉間盡情演出的演員。此役結束後，我曾在暗夜裡的屋後菜園子哽咽地呼喚著：「老爸、老媽、老哥呀！您若有靈，在冥冥中應該看到了家裡那調皮搗蛋的阿明，已經有勇氣面對、承擔責任，我已勇於站在群眾面前，對著你一生堅守的黨暢快的叫陣！（你的黨，曾經在緊要關頭，卻要你壓抑你骨肉——阿明，更無情地恫嚇你）。

你擔任主委期間跑遍島內各地，出席參與各項黨內活動，甚至到大陸參加過二次「海峽論壇」。時至今日，你對政治上打壓這回事早已釋懷。你打從心底慶幸著在這個年代仍能堅持自己的信念，守住良善的本心，敢於站在群眾面前大聲說出自己所走的道路：不偽善、不利己。想想當年國父創建民國，那些犧牲的先賢烈士與彼相較，你是何等渺小，但你高貴的心靈卻足以睥睨那些求名、求利，各有所圖的政治人物，你信守對自己的承諾，你要一直往前進。

（七）

近幾年因疫情影響沒有陸客，我後期經營的「71牛排館」及牛肉麵館亦苦撐不住收場。我自嘲：別人是衣錦還鄉，我則愈混愈回頭回家吃老本。去年我申請登記註冊成立了一個「原住民企業社」，可經營二百多項營業項目，政府標案採購有優先保障權。目前主要承包各項小型工程、小額採購之施作維持生計，家人溫飽之餘，戮力於黨的統一事業。

民國一一一年七月二十三、二十四、二十七日採訪完稿

## 採訪後語

採訪完阿明，讓我想起已故作家李敖，他曾說：中國不是我的故鄉，我這輩子只踏入中國兩天而已。但他卻為文「我想滾回中國去了……我寧願選擇沒有民主，但卻能幸福自足；政客們時時念茲在茲的不是人民的幸福與財富，而是爭權奪利，如何搶到政權……我想歸化中國。」。

阿明從一路給家裡帶來小麻煩的懵懂少年，走到當下已屆天命之年，他回顧過去以「知非之年」坦然面對自己，他是光華村榮民第二代子弟另類典型之人。臨別前看著他那形似孤單的身影，湧上心頭的卻是唐代詩人高適的贈別詩〈別董大〉的那句：「千里黃雲白日曛，北風吹雁雪紛紛。莫愁前路無知己，天下誰人不識君。」阿明有千里黃雲之姿，真誠情誼，堅強信念，莫愁前路無知己，有眷村子弟慷慨豪邁風骨，他的豪放開朗一直鼓舞著我，祝福他。

1/2

1.劉春興訪問曹純明（右），照片拍攝於民國一一一年七月二十七日。（照片提供：劉春興）

2.曹純明（左）和中華統一促進黨張安樂總裁的合照（照片提供：劉春興）

# 第二代　勇闖江山：羅文強

口述：羅文強（光華農場場員羅正書之子）
採訪：夏婉雲

我民國五十四年次，現齡五十七歲，小學四年級隨父遷至光華農場，是稻香國小光華分校第二屆校友，記得我們學校勞動服務課頗多，皆在鏟操場大石頭。

父親羅正書，貴州人，民國三十八年來台，他在海軍陸戰隊做駕駛兵，想要退伍就來東部參加開發隊到光華木瓜溪畔開墾荒地，分到一甲地後，自己沒有耕種，把地租給別人種，以開計程車為業，每次父親將車整理煥然一新就知道要當婚禮車，為人老實也經常受雇台灣銀行當運鈔車。我們家是光華村經濟環境比較好，全村最早有彩色電視、洗衣機、冰箱、冷氣，連偉士牌機車皆有。

媽媽是江西人，外祖父是海軍艦長，長年在外對子女疏於照顧；媽媽十七歲就和三十七歲的爸爸相戀結婚。媽媽生下我（遲一年才申報戶口），又陸續生了兩個妹妹，在家相夫教子。

我讀完光華國小、宜昌國中後，考上花蓮高中想提早就業（逢台灣經濟起飛），就讀花蓮高工電子科，便於能早進職場工作，有分擔家計的心。

我十八歲畢業，到大同公司工作兩年，利用下班後自學考上苗栗聯合工專電子科，以當時技職體系要升學十分困難，畢業後進入美商摩托羅拉（Motorola）半導體公司任職，後來工廠要遷到大陸，我選擇跳槽到台灣電視公司，回到摯愛花蓮工作。

我一直有去大陸闖事業的夢想，民國九十六年六月底，四十一歲毅然離開人人稱羨的電視台工作，自請退休後就去中國大陸尋找我人生的第二春。

先到貴州與當地朋友開海綿鈦冶煉廠，鈦礦是軍工的重要金屬。我們準備出口半成品給台灣做高爾夫球桿頭（鈦非常有彈性，很適合做球桿頭），因工廠發生工安意外及二〇〇八年亞洲金融風暴，冶煉廠草草結束；大陸人也很好奇，我這麼年輕，為什麼要丟下台灣電視台這麼好的工作而來大陸，對我頗多懷疑。

冶煉廠投資失利後，朋友介紹我去廣州從化市禮贈品製造大廠，做全國禮贈品的市場開發及調研工作，我跑遍全國省會城市。那時還沒高速鐵路，省會城市之間移動皆搭夜間臥鋪火車，次日早晨拜訪購物中心招商部經理，他上班一到辦公室，看到我後非常驚訝！我是坐臥鋪普通火車來，天亮就到。一般高階經理都是坐飛機來，不會如此辛苦，他們很佩服台灣人勤奮刻苦的精神。當我完成全中國市場開發及調研工作，將報告呈給老闆時，順道問老闆為什麼要聘請非禮品界出身的我？他回答非常佩服我，願意放棄優渥工作及環境，隻身來人陸闖天下；其實我也很感謝有這機會，讓我可以更瞭解各省的鄉土民情，也讓我有更寬廣視野與見聞去看這個披著神祕外紗的中國。

該調研工作結束後，我北上至上海的康師＊食品公司，在上海某大食品公司合資餐飲連鎖店成立茶人事業部，擔任營銷總監一職。我們選擇以上海最璀璨的外灘中心做客製化營銷。

「茶人事業部」開啟我對中國「國飲」的嶄新視野，矢志要將「藝＊雅＊」這個品牌與世界知名的「立頓」齊名。殊不知公司捲入食安風暴，不久竟將新的事業部門裁撤。

當時心想我若還是去任職的話，那又何必離開台視公司？不忘初心的我回到了祖籍地貴州，創立投資管理顧問公司，公司以「台黔」為名。（「黔」為貴州簡稱）台灣地理課本稱貴州是：「人無三兩銀、地無三里平、日無三日晴」的蠻荒之地，雖然現在已有進步，但太座不想住在偏遠的貴州，便攜兒女回台灣。留下我赤手空拳地找尋機會，因沿海已無立錐之地，只有往所謂「三線」城市走。

再回貴州，原來的冶煉廠已成貴陽市城市核心區，地價高漲成了大廈寫字樓，讓我驚吁不已！此時適逢中國推動鄉村振興政策，把鄉村民族文化、地方產業特色及山水自然環境結合起來，我因此愛上了擁有豐富多元民族文化的貴州。後來我扮演「兩岸多元民族文化交流及文化教育」的使者，促進兩岸人民瞭解及參訪。

在這段時間，女兒去澳洲伯斯讀Murdoch University 企管研究所，並受雇於當地投資管理顧問公司，這跟她華人面孔及在中國生活的經歷有關係。現今的華人是該公司亟欲爭取海外移民的客戶，以闖蕩天涯的兩岸華人而言，中國採取「共富政策」，富人是澳洲爭取移民的客戶，台灣因意識形態對峙及台海兵凶戰危，紐澳移民也是一個選項。

兒子也得到適性發展，幸蒙前總統馬英九三次接見，當選過全國優秀青年代表及保德信推薦全球青年領袖人物。這其實跟我當年帶他在深圳、上海求學，瞭解中華文化及適應環境有關係。使他充滿信心，有闖蕩天涯的勇氣。

二〇一九年新冠爆發，貴州朋友叫我先不要回來，日後卻因中美角力的意識形態，兩岸關係漸行漸遠，我因此滯留在台灣，變成多麼不可思議的事。

既然決定行歸故里，我在台灣政府機關找到任職機會，目前在台北市環保局內湖焚化廠中控室工作，看到花蓮家鄉因為沒有焚化爐，垃圾掩埋場成為光華村嫌惡的設施，住民也長期與中華紙漿廠及沙石場、納骨塔等抗爭二十至五十年，心生無限感慨，真是有椎心之痛。

今以五十七歲中高齡歲數重回台灣競爭職場環境。實感謝有一位愛我的基督及關心我的家人及教友。驀然回首當時若能跳到台積電或隨遷摩托羅拉電子廠到大陸（配套協力廠），或是繼續留到鈦礦冶煉廠改建成貴陽市精華CBD區，而不是去廣州及上海闖蕩，如今的我會是什麼樣子呢？

民國七十七年開放探親，二十三歲的我，陪父親回祖籍貴州探親，他在祖父母墳上跪地痛哭，此幕歷歷在目。現今循著父親的足跡回到他魂牽夢縈的家鄉，人事物已變，那份故里情懷依舊在我心中裊繞。近四十年兩岸融合發展，現今卻因中美爭霸及台灣意識型態，兩岸漸行漸遠，台灣就此捲入這股未知的滔滔洪流中，是否能全身而退？吾望大能的神之手能拯救。

民國一一一年十月十日採訪完稿

## 採訪後語

光華村伯伯屬社經底層人士，第二代大多受困家庭環境而無法掙脫走出，文強能自我砥礪、勇闖大江南北，誠屬可貴。另一位是文強國中、國小的同學陳忠文，其官至陸軍中將，曾任陸軍官校校長，現為陸軍金防部指揮官，文強和中將能振翅高飛，他們的一生有多少難關、多少關卡要抉擇？我們該細讀。

羅文強的上一代因為戰亂被迫從大陸來台，文強這一代是帶著知識管理的理想，有大中國情懷，回到大陸奉獻在父母原鄉；羅文強的下一代更帶著專業走向世界。每一代都頻頻起伏飛於社會變遷中，各有各的背景及適應方式，各有各的想法；政經軍事是巨大的陰影籠罩著螻蟻般的我們，吾人只能接受。

1/2

1.羅文強於中國吉林省長白山天池探訪仙境（照片提供：夏婉雲）

2.羅文強和採訪者夏婉雲合影於木柵景美溪畔（照片提供：夏婉雲）

農場場員眷屬

# 第二代　傳承勤儉：黃信泰

口述：黃信泰（場員黃福德之子）
採訪：邱秀蓮

我民國六十五年十一月生，已婚、無子。我父親是老兵，跟開發大隊落籍在光華村；母親因為小時候腦膜炎燒壞喉嚨變啞，無法講話，略有聽力而已，是家庭主婦。當時每家都很窮，我家是低收入戶，父親除了種田，還要出去打工賺錢。哥哥大我二歲，很照顧我，從小我們就很乖，都到田裡幫忙。知道家裡窮，沒有參加學校的遠足，為了省錢剃光頭，穿二手衣，很少買新衣，過年阿姨看我們穿著舊衣服，就會牽著我們去買新衣服。

我國中就開始打工，一直到讀高農時還在工讀。我們兄弟遇到一個園藝行的老闆，是軍人退伍，很努力也很照顧我們兄弟。常鼓勵我們說：「英雄不怕出生低，只要肯努力就會有成就。」我們從工作中得到自信，慢慢不再自卑。很可惜老闆後來過勞病世，我們也結束了園藝工作，目前在醫院的洗腎室工作，參與公益活動，訪視貧困腎友，提供物資，閒暇時除草、砍樹做園藝。

父親黃德福，民國十二年生於江西省南昌縣。有五個兄弟，他排行第三，平常沉默寡言，原本抽調老二去當兵，但是爺爺、奶奶要他去；可能是父親長得健壯，父親入伍海軍陸戰隊，直到撤退台灣，父親都未回過老家只有通過信，對於爺奶的決定，父親心裡很受傷，所以沒有回去探望，只是心中想念而已。

父親五十一歲才結婚，靠公家發給的一甲地，勤快種植飼料玉米、花生、水稻養家，但還是不夠開銷。所以有空就做泥水工、雜工，甚麼工作都做，平常也省吃儉用不注重飲食，長期營養不良又過勞，在我國小四年級時就病倒了，必須長期洗腎。剛開始是騎腳踏車去醫院，從光華村經過美崙，然後到八〇五醫院，路程遙遠；我們長大賺了錢，買了機車，我們兄弟輪流載他去看醫生、洗腎，父親不再那麼辛苦。

有一天，父親從醫院回來，鄰居假裝來關心父親，打算買我家農地，但對方一談到土地的事，父親立刻翻臉，嚴詞拒絕，把他們罵得不敢再來；父親把土地當自己的孩子般寶貝著、照看著。看著他默默的在太陽底下耕種，我感受到父親照顧一家子默默為家庭付出的愛，他撐著病弱的病體，也要靠著那方田地把我們撫養長大，不可能把地賣了，遺憾的是在我即將入伍前，父親撒手人間，離我們而去。

記得小時候過年，家家戶戶都非常熱鬧，村內同是退伍場員許多未成家，有一些單身的叔伯，會被邀請到各家去吃年夜飯，父親的手藝很好，老鄉伯伯們特別喜歡到我家來作客。這種離鄉的友誼與革命情感，不是我們第二代能體會的。現在回想起來，很希望時光能夠倒流，再好好品嚐村裡的童年趣事，猶記得除夕晚上十二點過後，鞭炮聲是一個接一個此起彼落，好像在比賽誰的鞭炮聲大呢！這樣的場景隨著歲月的流逝，僅能存在記憶中了。如果那天在村裡除夕夜舉辦放鞭炮大賽，增加過年趣味，讓大家回想兒時光景和場員對光華村的貢獻，一定非常熱鬧有趣。

母親陳雲貞，三十六年次。是花蓮縣富里鄉人，有九個兄弟姊妹，上面有個哥哥，下來就是她最大了，因此包辦家中大小事務，甚至農忙收割都去幫忙，人人都稱讚她是勤快的女孩，二十七歲與父親結婚，是經由軍中同袍介紹，因為母親不會說話，當時外婆問她喜歡嗎？母親用一個小小的微笑表示喜歡。婚後母親專職家庭主婦，照顧我們倆小，讓我們兄弟三餐溫飽，母親煎的荷包蛋，至今還讓我懷念不已。

母親剛生下我們時，外婆很擔心我們也有健康問題，都會請舅舅、阿姨來家裡協助、照顧我們。

光華村細細品嘗是很美的。遠山含笑、白雲悠悠、小鳥啾啾，還會看到白鷺鷥一大群從漾漾水田中飛起、聽得到流水淙淙；看著那一大片黃澄澄的稻穗在美麗的農舍旁、伴著的是青青草坪，與當初到處都是石頭貧瘠的河床地相比，真的差異很大。父親說開發大隊把石頭一個個挖起來，堆在空地上，後來營造商利用來蓋成一棟棟的石頭屋，分配給場員，也將挖起來的石頭砌成田埂，如今依稀存在，看得出當時隊員揮汗如雨、搬運石頭的光景。

我生於斯、長於斯，對於光華村有深厚的感情，所以巡守隊長邀請我加入巡守隊守護村莊至今已十二年。我對良田、大戶、一草一木如數家珍；經過嘩啦啦河川時，都會讓我想起兒時村裡大人、小孩都喜歡玩水，夏天農忙後，就到河溝玩水消暑；沒有泳衣泳褲，都是穿著四角內褲或短褲就往水裡一跳，嘻哩呼嚕的玩起來，小朋友樂在玩水，大人卻因灌溉水的問題在爭吵，每個大人脾氣都很火爆，我們小孩則天真地玩水玩得不亦樂乎。

妻子也同我一同加入巡守隊至今，我們是在民國九十五年結婚的，她是低我一級的學妹，在高二時參加農會的四健會健行活動認識的，我退伍回來時，還保持聯絡，四健會的指導員有意撮和我們兩個，後來正式交往，卻因我工作不穩定磋跎很久才結婚。我們夫妻倆都盡量同進同出，一起巡守、一起參加交管、一起跑馬拉松。

有一次巡守時，我們看到夜歸婦女，就邊開車、邊陪著她經過較黑暗的地方，讓她能安全回到家；有時候還會發現失竊的貨車或奇怪的帳篷，就趕緊報警處理；巡守隊也要常常支援鄉公所或社區所舉辦的活動，負責交通管制。

我還有一項興趣是學佛。朋友常常問我為何會學佛，在我高三時，參加學佛社舉辦的讀經、訪視及協助貧困腎友。從花蓮、宜蘭、台東到屏東，也遠至南投，贈送物資或金錢，慢慢就培養出學佛的興趣。到目前依然是學佛社和腎友會的義工，看到他們的狀況，想起自己小時候也跟這個家庭一樣是小學生，希望在我們的關心和幫助下長大成為有用的人，能夠幫助他人覺得生命非常有意義，因此一有空就參加公益活動，也因這因緣，腎友會的會長從醫院退休後，就推薦我去他的原醫院洗腎室工作，讓我從此有一個穩定的工作，然後結婚。

來洗腎的人大部分都愁容滿面。父親以前也洗腎，我很清楚他們的心情，都用正面的態度問候、打招呼，鼓舞他們輕鬆面對，他們也特別喜歡我。一個小小的微笑跟鼓勵，都能帶起更好的氛圍，我們就從陌生人逐漸變成朋友或家人一樣互相關心、彼此問候。

之前提到高中時，在園藝行打工，老闆算是我的貴人。他啟發我喜歡園藝，所以休假日會接一些庭院養護工作，客人都會介紹朋友給我，生意不錯。有一次砍樹不小心，把大拇指切了剩皮連著，還好菩薩保佑，遇到一位厲害專業的醫生，利用顯微手術順利地接回拇指；我工作時常被蜜蜂叮、蟲蚊咬，一次被虎頭蜂叮到頭部縫了二針。一次被毛毛蟲咬到，整個手臂一片紅像燙傷起水泡，因為都是第一次，很嚴重，以後被叮、被咬都沒事，好像免疫了。

閒暇時我和妻子也會參加馬拉松賽跑，記得第一次參加太魯閣馬拉松賽，我參加的是跑全馬四十二公里，跑到二十一公里文山溫泉就跑不動了，坐載人回收車回頭；因為練習不夠，所以出現腳板痛、抽筋的狀況。此後就練習跑半馬二十一公里，至今樂此不疲。說起喜歡健跑的起源，應該追溯到高三畢業前半年，要開始準備學校運動會，我報名二千公尺的賽跑。這半年養成我喜歡健跑，後來妻子也加入，她的好朋友也加入，她好友嫁到新竹，先生也跟著跑，現在連小孩都一起跑，從花蓮、台北、新竹都有我們健跑隊員的腳步。

回想一路走來，年少時有父母親親戚的照顧、年長時有貴人的扶持，才有今天的我，父親的外號是老頑固，他的勤儉不服輸的精神，深深地影響到我們兄弟，感恩他留給我們的一切。

民國一一一年八月二十三日採訪完稿

## 採訪後語

我是加入巡守隊後才認識黃信泰夫婦，我們被安排常在同一時段巡守村莊，他是小組長，負責駕駛巡邏車，每次都會提醒我：「阿姊，今天要巡守囉！」在巡守的路上一直為我解說這是某某人的家，這棟房子他去整理過，遇到馬路上橫梗著的樹枝，他就下車移走，有可疑的人或車，就會閃燈細看、查問。雖然我在光華村住了十幾年，卻很少踏出門，因為他的解說和巡守，讓我認識了這塊土地，也黏上深深的感情。他總是彎著眉眼笑嘻嘻地，同時他的熱情、認真，也讓我感動；聽到我抱怨，就會發出「哎呀！」的聲音，讓我認識到老兵第二代的可愛。而經由這次的訪談，我更加瞭解——沒有小孩的他，成就了自己，更成就了一對恩愛夫妻。

1.黃信泰和邱秀蓮攝於光華愛心志工隊感恩餐會（照片提供：邱秀蓮）

2.黃信泰讀小學時攝於屋前的全家福（照片提供：邱秀蓮）

# 輯二

# 光華農場的文物

# 一、光華農場牌坊

孟慶玲

光華農場牌坊位於木瓜溪初英堤防旁，人煙稀少處，初來乍看者可能會以為是報廢的裝置藝術品，被移來此處棄置的。其實它真實的身分是光華農場的大門，很多場員的後代，甚至不知道它是農場大門，知道後也不肯承認它是大門，因為門外是漠漠田野，渺無人煙，出門能通去哪啊？但是光華農場的大門不但建在沒有人的堤邊，連路名的編排，譬如華城一街、二街、三街……依次而下，也是由堤邊開始的，由此可知光華農場的開闢，其實與堤防是唇齒相依的。

場員周鴻在光華農場安家落戶，還當過兩任村長。他回憶說，民國五十一年隨開發總隊來到木瓜溪北岸橋頭，當時沒有陸橋只有鐵道通到南岸，他們在鐵道橋附近蓋了三座大營房，有三個大隊，總共十二個分隊，一分隊有一百人，總共一千兩百多人都睡在那裡。先築堤，把河川裡的大石頭挑去築堤防，當時鐵道附近很多相思樹，都被砍來挑石頭，五六個人挑一顆大石頭，那個年代什麼都靠人力，雙手雙肩流血流汗把堤築起來，從鐵路以下修了一千多公尺，就是現在牌坊大門附近。從大門以下的一千多公尺的堤，是後來有機械之後才修的。

堤築好後，開發總隊移師到大門附近，開始開地、修路。挖田土把路開了，丈量田界把水溝修了。當時周邊四野都是雜林野草，無路可走，進城要四處找路。現在知卡宣森林公園那裡以前是個飛機場，不給通過，開發隊的老兵仗著人多，偏要硬闖，常和衛兵起衝突。

明禮國小退休的彭梓浩老師，是花蓮農場醫師彭志斌的獨子。他回憶兒時大約民國五十九年或六十年左右，當時家在壽豐，父親曾帶他坐火車來農場，在南華火車站——現在改名干城火車站——下車，然後騎腳踏車載著他朝東騎，經過阡阡陌陌的碎石田埂，一望無際的水稻田，最後就是穿過牌坊大門，才進入農場的。

大門主體採三間四柱式，屋簷形式為單檐廡殿頂，上覆綠色琉璃瓦，琉璃瓦上左右各有一條「馬頭龍尾」造型的塑像，象徵「龍馬精神」，柱體採朱紅色，上有趙恆惕所書對聯「發揮戰鬥精神 築堤與河海爭地」「完成開墾任務 拓荒使沙礫為田」。左右兩間則各立有一面贔屭所負的石碑，石碑上刻著「光華墾區記」及「參加開墾人員芳名錄」。

「光華墾區記」記載國軍退輔會為配合國家經濟建設安置退役官兵，而有開發東台灣土地計劃。預定在花東兩縣各主要河川兩岸共十五處，築堤防洪，保護新生地，開闢成田，並興修農路及引水設施，以資灌溉，再繼而營建農莊，安置退役人員耕殖生產。「光華墾區」就是木瓜溪北岸河川新生地之總稱，也是「台灣東部土地開發處」最先開發地區之一。本墾區由五十一年五月動工築堤，兩個月內於洪汛來臨之前即完工，繼而開墾工程，造田築路、修渠設閘，於短短兩年內全部完成，沙石灘頭一變而成阡陌縱橫，國軍官兵能以堅毅精神完成此任務，也必能以此精神完成反攻大陸，光復中華之大業，故以「光華」為農場命名。

至於所謂「參加開墾人員芳名錄」，則僅錄長官，小兵並不在其中。農場中的場員不乏來自開發總隊，實際出血出汗開墾這片土地的，譬如：劉必稼、邱金華、周鴻、夏宗澤、顧中來等等，卻一個都不在芳名錄上，實為憾事。

民國五十七年光華農場撥地九十公頃給中華紙漿廠建廠，後又撥地九十公頃給工業區，慢慢的海岸路的開通，農場的出入交通遂逐漸東移，孩子們上學都往東進城，再沒人往西出入農場大門了。於是大門遂寂寞地矗立在田野無人處，見證榮民曾經「與河川爭地、向石頭要糧」的艱辛歷史。

照片名稱：光華農場牌坊
照片提供：孟慶玲
拍攝時間：民國一一〇年三月二十八日
拍攝地點：華城五街（與光城路交口）

# 二、光華墾區記碑：關於開發隊

孟慶玲

光華社區的前身是光華農場，農場裡的耄耋場員很多早年未退伍時就是開發隊隊員，在台灣東部跟著部隊一路由南往北開發，到了花蓮木瓜溪畔，開闢了「光華墾區」，把墾區移交給「國軍退除役官兵就業輔導委員會」經營光華農場，而開發隊隊員與所有榮民一樣，只要退役，便可申請進入農場安置養老。

光華農場牌樓下左右各有一座贔屭所駝的石碑，右刻「光華墾區記」，左刻「光華墾區全貌」圖，碑背刻有「參加開發人員芳名錄」，多有提及「開發隊」者，但文字渙滅難辨，且開發隊在任務完成之後，早已解編，難以查訪，姑且參考榮民耆老與家屬所述，對於「開發隊」勉強可知者如下：

「光華墾區」所謂的「開發隊」全名應是「台灣警備總司令部警備開發第一總隊」，根據榮民耆老朱樹鑑所說：開發總隊有兩個，一個在台東，一個在花蓮。一個總隊有三個大隊，每個大隊有四個中隊，每個中隊有三個分隊。另外根據榮民耆老周鴻所述，他在等待退役的最後軍旅生涯，被編入了開發總隊，隨隊來到木瓜溪畔，在那附近蓋了三座大營房，有三個大隊，總共十二個分隊，一分隊有一百人，總共一千多人，在溪邊挑大石頭，築堤開荒。

至於開發隊的設置，根據「光華墾區記」的記載，是行政院國軍退除役官兵就業輔導委員會為配合國家經濟建設，及安置退除役官兵養老，提出「開發東台灣土地計劃」，經核准實施，在花東兩縣各主要河川兩岸總共十五處築堤，保護新生地，開闢成田，並興建農路及引水設施，以資灌溉，再接著營建農莊，安置退役人員耕殖生產。光華墾區即木瓜溪北岸河川新生地之總稱，亦為台灣東部土地開發處最先開發地區之一。

據場員邱金華的遺孀莊大妹所述，邱金華是跟著開發隊來到莊大妹的老家花蓮縣富里鄉東里村時，結識了莊大妹，兩人公證結婚之後，邱金華又跟著開發隊去了溪口，再移到光華。可見得開發隊是由南而北的。又據場員耆老周鴻所述，他們在完成光華墾區之後，又跟著開發隊去了太巴塱，開墾要設計成蠶絲中心的泰萊農場，原打算在泰萊農場安家落戶，但山上生活機能太差，最後還是申請回到光華農場安置。而同時期也還有天祥的西寶農場在開墾中。可見開發隊的移動除了由南到北，還先平地再山地。

碑背的「參加開發人員芳名錄」記錄了警備開發第一總隊的副總隊長是朱家鎧，

他後來擔任光華農場的主任，除此之外，芳名錄上再不見任何一位農場中實際參與開發的場員姓名，實是憾事。而今連警總也已改制，昔日老兵口中的「開發總隊」終成歷史，而想為開發農場的老兵立碑的心願，不知還有沒有希望實現？

照片名稱：光華墾區記碑（光華墾區－開發隊）
照片提供：孟慶玲
拍攝時間：民國一一〇年五月三十日

# 三、石頭田埂

孟慶玲

光華農場場員周鴻曾隨開發總隊來到木瓜溪北岸參與開荒，他回憶說，河川地遍佈大石，先把河川裡的大石頭挑去築堤防，當時到處長滿相思樹，都被砍來挑石頭，五六個人挑一顆大石頭，把堤築好後，便開始整地、修路。不管是開路、造田，還是挖溝修渠，都是一場與石頭的奮戰，人石小石，顆顆壘壘，除都除不盡。為了使田地能引水灌溉，造田都採西高東低，每塊田一律二十公尺寬，五十公尺長。田界自然就地取材，利用砌石工法為田埂，於是光華社區至今隨處可看到用石頭砌成的田埂，也可想見當年化石礫灘頭為農田的艱辛。

不光田埂是石頭砌成的，周鴻伯伯說：「光華的六米農路也都是石頭砌成的，堅強無比。」電視新聞常報某處路坍，這在光華是不可能發生的，因為地基就是堅硬磐石，鞏固無虞啦！

照片名稱：石頭田埂
照片提供：孟慶玲（光華社區發展協會）
拍攝時間：民國一一〇年三月八日
拍攝地點：光華二街

# 四、石頭牆

孟慶玲

何民玉與母親黃淑賢女士，在光華農場四村眷舍院牆前留影。

當時不只單身場員住的農莊是石頭屋，有眷場員住處的院牆也都是石頭牆。後來流行空心磚牆，石頭牆保存下來的就不多了。

照片名稱：石頭牆
照片提供：何民玉（光華農場場員第二代）
拍攝時間：民國六十九年

# 五、羞羞臉水塔

孟慶玲

光華農場原是民國五十二年國軍退輔會為安置退伍老兵而設，每二十多個人住一棟石頭屋農莊，每十個農莊設一個村，總共有五個村。此照片中的是一村的水塔。水塔是紅磚建造，儲水用。兩旁設有水台，可取水回廚房煮飯，及供露天漱洗沐浴。

最初農莊都住著單身老兵，一如在軍中的團體生活，露天洗浴習以為常。何況石頭屋裡本來也沒有衛浴的設備。

後來老兵紛紛娶了妻，搬出農莊，自己在附近的公家地上各自搭起茅屋居住，村裡女眷因此逐漸多了起來。然而單身場員依然住在石頭屋裡，依然露天洗浴。女眷們走過水塔處，不免驚嚇臉紅，互相告誡避免經過，並以「羞羞臉水塔」稱之。

一村老場員王福林的遺孀鄭玉良回憶說，民國五十、六十幾年的時候，她剛嫁過來，住在四十七莊的牛棚後面，用甘蔗葉搭的草屋裡，沒水沒電。每天一大早就用扁擔挑著水桶去取水，人很多，要搶，因為家家戶戶都要煮飯、煮水。還要趕著在場員們農作完，滿身大汗回來沖澡之前把水提走。因為剛下工的單身場員來到水塔處，就脫個精光，有的見有女眷更是興奮，故意展現英氣騰騰的肉體，嚇得女眷奔跑走避。

時光流過，單身場員紛紛去了榮民之家，石頭屋農莊空了，水塔廢了，老樹蟠根虬枝在紅磚牆上，年老女眷走過，猶羞澀指著說：「以前經過這裡都很羞羞臉。」

剛退伍來到農場的老兵都才四十來歲，猶在壯年，但再精壯的肉體也不堪歲月催殘，當年那些圍著紅磚水塔洗浴的胴體，一個個在時光的流裡衰朽凋零，縱使也曾經神氣地引起女眷的驚聲嬌斥，但最終仍是單身，依舊空空老去。而今「羞羞臉水塔」還矗立在荒煙蔓草裡，風吹葉聲，猶如在低訴著大時代老兵的辛酸故事。

照片名稱：羞羞臉水塔
照片提供：孟慶玲
拍攝時間：民國一一〇年三月六日
拍攝地點：光華七街二十五巷

# 六、小兵合照

孟慶玲

周鴻伯伯在後排右二，這是他民國三十七年被抓兵來台時的同一班同袍，民國四十一年時，大家合影紀念，當時他二十二歲。

前排中間是班長，河南人，信奉回教，不吃豬肉，有一次去台南玩，走遍大街小巷沒有不是用豬肉入菜的，大家饑腸轆轆，就騙他某一家不是用豬肉，他就吃了。大家始終不敢跟他說真相。

後排左二叫陸泉泉，江蘇人。後排右一叫雷貴，河南人。

前排右一叫陳袁明，是東北人，常常和周伯伯一起打籃球、打乒乓球，兩人都是運動健將。

除了兩位河南人，一位東北人，其他都跟周伯伯一樣是江蘇來的。

這班七個人，除了周鴻伯伯來花蓮之外，其他都留在西部，從民國五十一年起就都沒有聯繫了。

周鴻伯伯參加開發大隊來到光華農場，安家落戶，當過兩任村長。而今九十一歲了，還騎著摩托車到處跑。請他講照片故事之前，我有順便作家訪，幫他量血壓，是非常健康漂亮的血壓值，他自豪的說：就是年輕時愛打球，愛運動，現在才有好身體。

照片名稱：小兵合照
照片提供：周鴻（花蓮光華農場場員）
拍攝時間：民國四十一年

# 七、新五村眷舍

孟慶玲

這是光華農場的新五村眷舍，一棟兩戶，中間牆上兩具電錶，左右各有一戶。右邊有貼門聯的就是劉世平伯伯的家，他與妻子兒女站在門前和人講話。

光華農場成立於民國五十二年，原為安置退伍老兵而設。址在木瓜溪下游，是開發大隊向河海爭地的成果，農場編制共有五村，只有第五村是眷舍，其他都是單身場員的農莊。眷舍一戶約十坪左右，很是窄小，如照片所示，兩戶都各自在旁邊加蓋了斜屋頂的廚房和浴室。屋前的空地是曬穀場，有一輛腳踏車和一台耕耘機，劉伯伯的兒子穿著小學生制服坐在耕耘機上面。

這眷舍是水泥搭建的平房，在民國八十八年以前都放領給場員了。如今家家戶戶都在旁邊蓋起樓房，但大都還保留有原始的建築。九十多歲的老場員也都還習慣住在老平房裡。

照片名稱：光華農場的新五村眷舍
照片提供：劉世平（花蓮光華農場場員）
拍攝時間：大約在民國六十年初

# 八、農莊作壽

孟慶玲

農場技師黃鼎龍口述：「這是民國五十七年的時候，場員黃直玉六十大壽宴請長官好友的合影。當時我剛好離開農場，所以不在照片中，但是大部分人都認得的。最中間就是場員黃直玉，往右是祁士中輔導員、再往右忘了名姓、再往右是張琪醫師、再是郭木場員。壽星往左是康礎堅輔導員、再是莊大妹抱著長子邱學榮、再是邱金華場員、再是于明德村長、再是單身場員，忘了姓名，後排都是單身場員。」

場員邱金華遺孀莊大妹口述：「作六十大壽的黃直玉是我們五十四莊的單身場員。我和我先生和最大的小孩都有參加壽宴。裡面我記得後排左二是位耳聾單身場員；後排最右這位單身場員他很和善，跟我們很好。

記得有一天傍晚他在房子前面叫我們快去分場部看電影，快要開演了，說著就轉身爬樓梯上屋頂去瞭望，突然就摔下來摔死了。這件事讓我們很難過。照片中這間石頭屋，是公家蓋的，現在沒剩幾間了。地址在光華一街古秀嬌家對面。」

照片中石頭屋貼了幾張門聯，右起可看到的是：「反共復國必勝」、「各盡所能增產報國」、「自食其力」。

農場的編制：一村有十個莊，一莊有二十四個場員。

一棟石頭屋就是一個莊。裡面住二十多個單身場員。如照片所示，一個莊有兩扇門，屋裡中間擺農具，兩邊擺單人床。成家的就搬出去住。

照片名稱：農莊作壽
照片提供：莊大妹（邱金華場員遺孀）
拍攝時間：民國五十七年

# 九、光華大圳

孟慶玲

光華農場的溝渠縱橫，閘門分流繁複，以利農田灌溉。照片中的光華大圳是民國八十五年，周鴻當村長任內，向縣政府爭取到七百萬做的，這圳是從干城村沿華城路二段做過來，經涵洞轉光城路到牌坊前涵洞，再轉華城六街東流而下，一路有許多水閘，可流進小的圳溝，有灌溉兼疏洪的功能。

老村長周鴻說，早期為了灌溉，大家搶水搶到吵架打架，因為大家都要養家，大家都很苦！那時常常看到太太夜裡到田裡跟人家輪班放水，很心疼！後來是由場部來控制水閘。還有早先要向水利會買水權，以田地面積大小來計算水權費多寡。

在場部擔任技師的黃鼎隆回憶說，旱季搶水的糾紛層出不窮，後來水利灌溉一概由場部管理，向場員酌收水利管理費，雇專人管理水門分配給水，此方式發揮很好的效果。後來更輔導場員加入花蓮農田水利會，由該會管理分配用水。

除了灌溉與疏洪的重大功能之外，縱橫的溝渠更是孩子們玩水的樂園，住在一村的場員二代黃信泰回憶說，兒時常在六街大圳的高低落差處溜滑梯，一群小孩在水裡玩得不亦樂乎，現在長大了，回頭看，覺得有點危險，幸好當年一同玩水的，都安全長大了，沒有發生憾事。

照片名稱：光華大圳
照片提供：孟慶玲（光華社區發展協會）
拍攝時間：民國一一〇年三月八日
拍攝地點：華城六街

# 十、初英堤防潰堤

孟慶玲

民國七十一年，初英堤防潰堤，大水沖垮了農田，水退之後，何民玉在四村家門前的樹下留影。放眼只見一片石礫黃土。

何民玉回憶當日潰堤，哥哥騎機車去姊姊家換九人座汽車回來載人，一家人冒著風雨，扶老攜幼涉水先逃到一村等待，再去姊姊家避難。

農場技師黃鼎龍回憶說，颱風夜行政人員都在場部待命，家裡全靠太太護持。潰堤的缺口在四村前面，淹水也最嚴重。行政人員都徒步去疏散民眾到分場部暫時安置，流失的田地，後來用機械整地，就打破原先一分一分的區塊，變成兩分半的大區塊。也因為那次大淹水，輔導會選了幾個點，設了梯子可上屋頂，以防備淹水逃生之用，現在志工中心還有梯子在。

照片名稱：堤防潰堤
照片提供：何民玉（光華農場場員第二代）
拍攝時間：民國七十一年

# 十一、四村的公車站牌

孟慶玲

光華社區的開發，源於國防部於民國五十二年為安置老榮民所設的「光華農場」。在木瓜溪下游，極荒僻之處。

老榮民來到光華農場，紛紛安家落戶，生養子息。民國七十三年到八十七年左右，孩子們長大到求學的階段，於是而有公車從紙漿廠前駛入村子，先在農場場部旁載二村孩子，由光華二街轉入華城七街，在光華三街口載五村的孩子，再到光華六街口有候車亭載一村的孩子，再左轉入光華六街，到華城三街口，就看得到此花蓮客運的站牌，載四村的孩子。

四村場員何烈林的女兒何民玉說，以前連路都沒有，交通很不方便，有公車願意開進來，有時好心的司機還會開到門口叫學生上車，感覺很窩心。姪兒李信穀八十五年花農畢業以前還天天在那個站牌等車，但小姪兒何志偉八十七年花中畢業以前，就幾乎只剩他一個人在等車了，車子還有時不肯開進村子。

四村開大理石工廠的盧太太也說，六十八年次的小女兒讀四維高中時，也是天天在這裡等車上學的。後來孩子們長大了，公車就不再開進村子了。

如今公車駛進光華村已是三四十年前的故事，一村留有嵌著青天白日黨徽的候車亭一座，四村留有「光華農場」公車站牌一座，印證著老榮民在此安家落戶，生養兒女，孩子們求學時期熱鬧的過往。

照片名稱：光華農場公車站牌
照片提供：孟慶玲
拍攝時間：民國一一〇年三月七日
拍攝地點：光華六街二八三巷口

# 十二、一村的國徽候車亭

孟慶玲

光華社區的前身為國防部安置退伍老兵的光華農場。農場始建立於民國五十二年，民國七十幾年的時候，老兵的第二代紛紛長大有出外上中學的需求，於是就有學生專車早晚各一班，駛入村子，載孩子們上學和放學。

老兵第二代謝美枝回憶說，大約在七十六年或七十七年時，亭子是由一村的各家叔叔伯伯們集資，請場員張清叔叔和當時年紀還很輕的沈胤池蓋的，保護孩子們上學等車時不被日曬雨淋。美枝還回憶說，每次走去等車時都會看到各家媽媽們在路邊的圳溝裡洗衣服，說笑聲和水聲嘩嘩，都彷彿還歷歷在目呢！沈胤池後來還成為美枝的先生呢！

公車由海岸路沿紙漿廠前光華路進村子，由光華二街轉入華城七街，此處地上有個坡崁，老兵第二代徐蘭香說每到此處，車上的孩子們就要警戒，因為車子要跳「曼波」啦！車沿著華城七街，到光華三街交口會停，給五村的孩子上下車，再到光華六街交口，就是照片中的候車亭處，給一村的孩子上下車，車子左轉進光華六街，在華城三街交口停，給四村的孩子上下車。然後車子就迴轉照原路出村子。

光華的孩子們所上的學區是宜昌國中，公車駛出村子後，沿著海岸路右轉進中正路，在仁里橋停，孩子們都在這裡下車，沿著七腳川溪步道走路到學校。讀高中高職的大孩子們則坐到總站，東大門「石來運轉」那裡，再轉車到各自的學校。

住在一村的老兵王福林的遺孀鄭玉良回憶說，五十九年次的兒子王孝忠讀國中時，還沒有公車進村子，家裡也沒錢幫他買腳踏車，都是和幾個同學五點多就赤腳跑步上學，到學校才把鞋穿上，回家也是赤腳跑回來，很遠，但孩子很能跑。六十三年次的女兒王孝榮讀國中時也是跑著上下學，國三時有了公車，但全村的國高中生都要擠上去，擠得滿滿滿，看著已經滿了，但還是要硬擠進去，真是險象環生。

村子裡的孩子們逐漸長大了，上下學的人越來越少，四村的老兵何烈林第三代李信毅回憶說他宜昌國中三年，到八十五年花農畢業，都是坐公車，當時人數就不多了，公車進入四村，家家戶戶都會幫忙大聲喊，催孩子們上車，但到他的弟弟何志偉八十七年花中畢業之前，就常常只載他一個人了，車子還常沒繞進村子，所以高三的時候就因為車子脫班困擾，而住校一陣子。八十七年可能就是村子裡的末班公車了。

如今當年的孩子們都長大了，南漂北漂離了家鄉，村子人口老化嚴重，看不到放學的路隊，也聽不到孩童的嬉笑，空留一座候車亭印證曾經的熱鬧。

照片名稱：一村的國徽候車亭
照片提供：孟慶玲
拍攝時間：民國一一〇年二月十五日
拍攝地點：華城七街與光華六街交口

# 十三、結婚證書

孟慶玲

這是古鑫台伯伯和彭玉英伯母在民國三十八年的結婚證書。其中證辭為駢文寫就，詞藻華麗，音韻鏗鏘：

兩姓聯姻，一堂締約；良緣永結，匹配同稱。
看此日桃花灼灼，宜室宜家；
卜他年瓜瓞綿綿，爾昌爾熾。
謹以白頭之約，書向鴻箋；好將紅葉之盟，載明鴛譜。此證。

被譽為史上最美的結婚證辭。古伯伯和伯母一世相隨，深情似海，子孫繁盛，是真的有被祝福到。請參見古鑫台口述歷史。

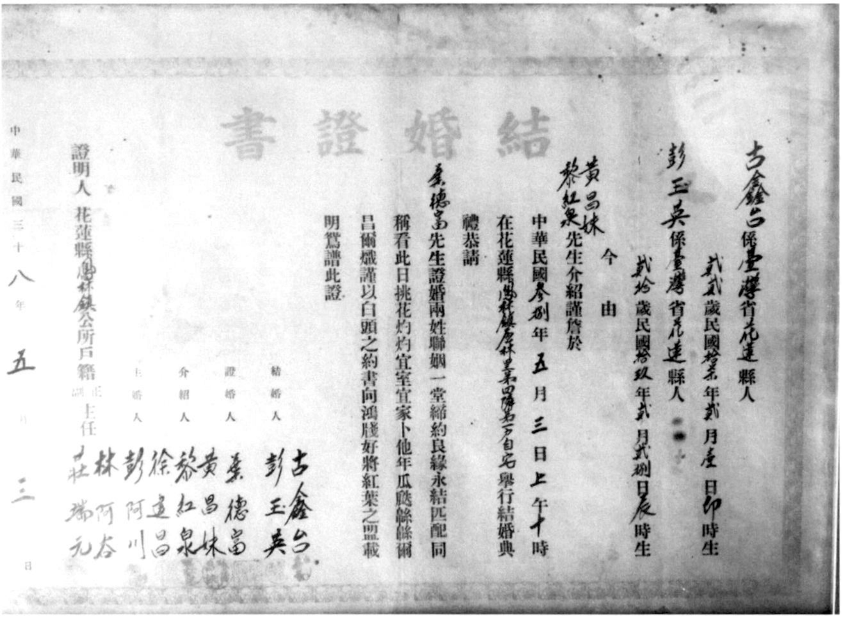

結婚證書

古鑫台係臺灣省花蓮縣人
貳貳歲民國拾柒年貳月叁日卯時生
彭玉英係臺灣省花蓮縣人
貳拾歲民國拾玖年貳月貳捌日辰時生
今由
黃昌妹
黎紅泉先生介紹謹詹於
中華民國叁捌年五月三日上午十時
在花蓮縣鳳林鎮鳳林第四鄰[illegible]自宅舉行結婚典
禮恭請
葉德富先生證婚兩姓聯姻一堂締約良緣永結匹配同
稱看此日挑花灼灼宜室宜家卜他年瓜瓞綿綿爾
昌爾熾謹以白頭之約書向鴻牋好將紅葉之盟載
明鴛譜此證

結婚人 古鑫台 彭玉英
證婚人 葉德富
介紹人 黃昌妹 黎紅泉
主婚人 徐達昌 彭阿川
證明人 花蓮縣鳳林鎮公所戶籍主任 林阿吞 莊瑞元

中華民國三十八年五月三日

照片名稱：古鑫台伯伯在民國三十八年的結婚證書
照片提供：古梓羚（光華農場場員眷屬）
拍攝時間：民國一一〇年一月

# 十四、八星寶星獎章

孟慶玲

這張陸軍八星寶星獎章執照是陸軍上士邱金華在民國五十二年的軍人節因「服務勤奮」所受的獎。當時國軍警備總部的開發大隊完成了「東台灣開發計劃」中十五墾區的「光華墾區」，築了堤、開了路、造了田、挖了溝、修了渠，然後轉交給退輔會去經營農場，「光華農場」就是在民國五十二年建場的。推算邱金華一路跟著開發大隊從台東開墾到花蓮，完成「光華墾區」之後，正好申請退役，準備脫下軍服，進入農場安家養老，所以在退役前夕的軍人節，獲頒這張「八星寶星獎章執照」，用青春血汗換來「服務勤奮」四個大字。

我相信這張執照上的三位頒發人俞大維、彭孟緝和劉安祺若在世，一定也無法為我們講述或證明這位陸軍上士究竟是怎樣的「服務勤奮」吧？但我們或許可以從他的遺孀的敘述中去勾勒出這位和善、大方、勤勞、敬業、肯幹的上士形貌。莊大妹女士的娘家也因了這個溫暖有愛的女婿，而紛紛從偏遠的富里鄉東里村搬來光華附近居住，並且加入志工回饋的行列。（請參看莊大妹女士的光華口述歷史。）

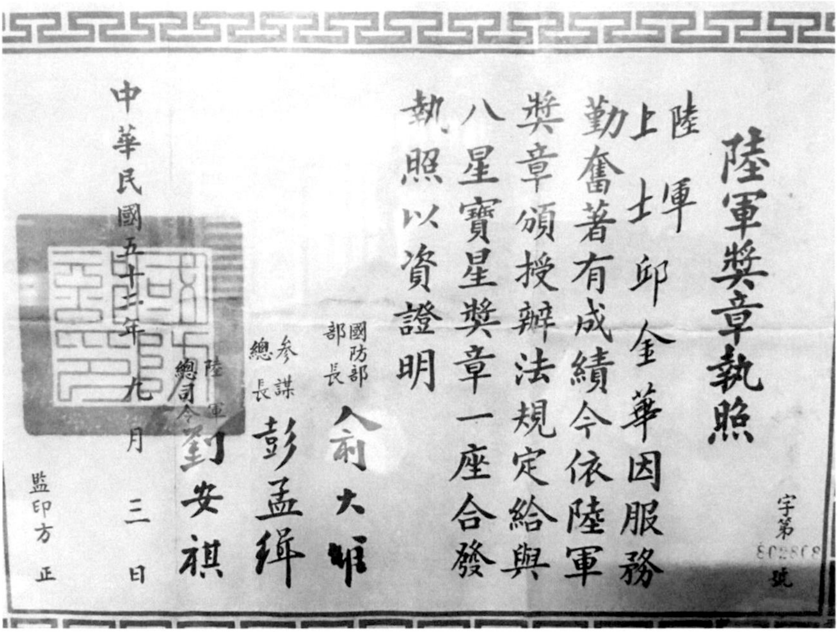

陸軍獎章執照

字第838203號

陸軍上士邱金華因服務勤奮著有成績令依陸軍獎章頒授辦法規定給與八星寶星獎章一座合發執照以資證明

國防部部長 俞大維

參謀總長 彭孟緝

陸軍總司令 劉安祺

中華民國五十三年九月三日

監印 方正

文物提供：莊大妹（邱金華遺孀）
拍攝時間：民國一〇九年一月二十七日

# 十五、「功在光華」匾額

孟慶玲

這個匾額是民國七十九年光華村第一、二任村長劉世平卸任時，分場主任以及各鄰鄰長和村幹事，合資送給他做紀念的。由這個匾可看到農場時期的編制體系，光華農場從民國五十二年建立，到民國八十八年完成放領，農場的任務完成而裁撤之後，農場的種種，逐漸淡出人們的記憶，幸有這個匾還能證明當年農場的編制狀況。

光華農場是隸屬於行政院國軍退除役官兵就業輔導委員會下的花蓮農場的光華分場，首任主任在民國五十二年建分場之初，是由花蓮農場副場長陳希堯兼任，後移交給朱家鍇、再是陳漢丙、再是林添旺。

農場是為安置單身榮民而設，總共有五個大農莊，就是所謂的五村。每村有十個小農莊，每莊有十幾二十幾人不等。後來中華紙漿廠建廠，徵收了第五村的地，也雇用第五村的場員到紙漿廠工作，等於是重新安置工作，便取消農場場員的身分，第五村也就廢村了，民國五十六年起才又在現在新五村新建四十五棟房舍，每棟二戶，共九十戶，安置有眷場員。

匾額中的五個村的村長，是農場的編制；在鄉公所的編制上則是五個鄰的鄰長。一村村長林壁，在劉世平的回憶裡，時常來交涉挖水溝的事；以及村民看病沒錢，請求協助。

二村村長于明德，開了個雜貨鋪，農地放領後，賣了地回大陸去了，雜貨鋪由兒女接管，現在仍在營運，是五個村中經營最久的眷村小鋪。

三村村長董金生，江蘇人。三村後來劃入工業區，政府徵收後，現在已找不到村落遺跡。

四村村長賴道根，江西人，賣了田地之後，手上有不少錢，常常捐獻，後來回大陸省親，在大陸病故。

五村村長黎北元，開了雜貨鋪。賣了田地回大陸。現已無雜貨鋪遺跡。

二十七莊莊長謝伯漢，二十七莊在中華紙漿廠對面，有十多戶，因為不滿十莊，成不了一個村，因此以二十七莊代表紙漿廠對面的村民。

至於村幹事余木生，是鄉公所派來協助村長處理村務的。劉世平在民國五十七年以場員調用文書的身分在場部上班，負責會計出納，管津貼發放，作帳，也兼村幹事的工作，退休之後，鄉公所才派余木生專任村幹事，接替劉世平的工作。

很多人搞不清楚光華農場的編制，因為會跟鄉公所的編制混淆。「村長榮退」的

「村長」是鄉公所編制下的社區領導人。一村至五村的「村長」是農場編制的聚落代表人，在鄉公所的編制變成「鄰長」。

有場員二代說：「我爸比劉伯伯早當村長，我爸才是第一任村長。」應該就是兩種編制的混淆，引起的誤解。

文物名稱：「功在光華」匾額
照片提供：劉世平（光華農場場員）
資訊提供：劉世平、黃鼎龍
拍攝時間：民國一一〇年五月

# 十六、原野的拓荒者

孟慶玲

「原野的拓荒者」是花蓮縣國民小學鄉土在地課程（三）「從足下開展」系列教材中的屬於光華國小的部分。是民國八十九年十二月三十日由花蓮縣政府出版的。

「從足下開展」這書是當年為了因應九年一貫統整課程，以及風起雲湧的教育改革聲浪，在開放教育、小班教學、鄉土教育、學校本位課程等等的基礎思潮下，由第一線的教師們著手編寫出來的。其中「原野的拓荒者」就是光華國小的教師們為光華國小的小朋友所編寫的鄉土教材。

內容包含學區內的人文、歷史、自然、地理等範疇。分作六大單元，目錄如下：

單元壹：木瓜溪畔（石頭的故鄉、硬硬的岩石、美美的景色—河階、沖積扇、沙洲和網流。推動巨石的大力士—木瓜溪水的力量，溪水落差，水力發電，電廠特色。參考資料、學習單）

單元貳：原野生聚—可食用的野菜（五節芒、龍葵、昭和草、咸豐草、刺

莧、月桃、布袋蓮、山萵苣、小葉灰藋、林投。參考資料、野菜探索學習單）

單元參：原野的拓荒者（一個老兵的故事、光華社區的開拓史。資料來源，學習單）

單元肆：蔡倫的傳人—中華紙漿廠（紙漿廠的成立—配合東部的發展、改變森林的林相、發展造紙工業，生產原料與製造—製漿流程、成品的主要用途，廢水與臭氣的污染—廢水污染、臭氣排放，環保改善措施—火力發電、廢水處理、木屑渣。參考書目、學習單）

單元伍：鹽寮景觀（一、鹽寮位置　二、花蓮大橋　三、花蓮溪河口　四、嶺頂古蹟　五、嶺頂遊蹤　六、觀察地層。參考資料、鹽寮快樂行學習單）

單元陸：鄉土列車（南埔苗圃、光華工業區、垃圾掩埋場、寺廟巡禮—國姓廟、河南寺。參考資料、學習單）

教師編寫極用心，內容非常豐富，可讓學童全面地了解自己生長的環境，包括人文歷史與自然地理。其中第五單元全部和第六單元的寺廟巡禮，有關鹽寮的部分，是因為鹽寮地區的學童是被合併到光華國小來上學的，教師顧及了不同社區學童的鄉土探索，可謂一視同仁，非常貼心。可惜教育政策一變再變，鄉土教學始終未能落實執行，日久乏人問津，此教材遂被校方當廢紙清除。多年以後，學校裡再無師長知道為何校園裡會堆置那麼多大石頭，甚至讓沙石場把大石都清除掉了；也不知學童來自什麼歷史背景的社區，難以教導愛家愛鄉的情操，導致南漂北漂再不回頭。而社區陷於老化，學校也面臨招不足新生的窘況。

感謝本社區協會理事王鳳美女士，當年在學校清出的廢紙堆中拾得「從足下開展」一書，保留了老師們精心編寫的「原野的拓荒者」教材，珍藏至今。本社區發展協會借來影印，用以培訓社區導覽人才，依然是很優質的教本。感謝當年參與編寫的教師：李朝永、陳麗卿、楊淑玲、葉金松、張嫵羚、辜淑娟、李秋蘭、劉妙珮、林麗、鍾志長。校長：陳明昭。

文物名稱：原野的拓荒者
文物提供：光華社區發展協會
拍攝時間：民國一一〇年五月二十二日

# 輯三

# 現在的光華村

# 有趣又歡樂的光華社照C據點

孟慶玲

光華社照C據點開辦之後，來了許多不良於行的長者，其中有位被叫「阿舅」的八十一歲陳老先生尤其嚴重，半邊手腳蹺屈僵硬，只能坐著，不能正常行動。但他很勤勉，一大早就有志工把他載來上課，認真跟著講師作健身操，下課時間跟著大夥兒說說笑笑，尤其是卡啦OK課，阿舅超會唱老情歌，歌聲纏綿迷人，擁有多位老阿嬤級的粉絲爭著幫他點歌，要跟他合唱。半年過去，阿舅現在容光煥發，年輕幾十歲，變成只有六十多歲的樣子，根本沒人相信他是八旬老翁，最厲害的是：他現在可以拄著拐杖自己走路上下學了！是超級模範生。

另外據點還有一位盧阿嬤八十六歲了，失智，呆呆的不會講話，每天兒子載她來上課，還有外傭隨行。阿嬤雖然不會講話，但她會靜靜地看著大家活動，中午吃過共餐，兒子會來載她回家。兒子說老人的精神變好了，飯量也增加了，覺得有送老媽媽來上學是明智的決定。而且半年來，阿嬤已經進步到能夠跟著大家舉臂搖手作運動，玩大富翁也會擲骰子，雖然還不會說話，但表情越來越豐富，以前頂多只會微微笑，現在會笑得露齒，明顯已經走出封閉的世界，能夠與人互動了！這是多麼令人欣喜的轉變啊！

還有六十五歲的姚阿嬤是老兵遺孀，早年吃了很多苦，現在來上老人學堂非常歡喜，上課很認真，配合度極好，也樂於分享，每次看到她，她都笑哈哈的。有一次她兒子一大早打電話來幫她請假，說要去醫院回診，但是過一會兒又打來問說：「現在可以把老媽送過去上課嗎？醫生把時間改到下午。我想說已經請假就在家休息半天好了，可是老媽吵著要去上課，真不知道你們怎麼哄她的？居然有人那麼愛上學！」哈哈！因為這裡有優質的講師和課程，有好吃的餐食，有認真的同學，有熱血的志工，讓人身心靈都能喝到雞湯，那當然上課就是最高級的享受啦！怎捨得輕易放棄呢？

還有七十多歲的龐爺爺早年是空軍，身手矯健，反應敏捷，自願一大早幫大家量體溫和測血壓，很樂於服務。上課超認真，上疊杯課第一個報名願意比賽，還把杯子借回家日夜練習，練到兩隻手能夠左右開弓，同時收放，速度極快，讓大家大開眼界，太精彩啦！龐爺爺還說他上口腔保健課最有感，因為以前常被龐奶奶嫌口臭，在懂得口腔瑜伽、唾腺按摩，以及正確的刷牙法之後，現在都齒牙清香，精神愉悅，覺得上老人學堂很有收穫。

還有六十七歲的陳阿嬤，最最捧場的是我們的共餐。她說以前她都沒食慾，吃不下東西，勉強吃，吃得很少，覺得吃飯是很無味的事。沒有想到來到我們據點之後，我們的廚子居然能夠烹調出那麼美味營養的餐食，一下子把她吃東西的樂趣都找回來了，天天都在期待看到精心的擺盤，忙著拍照，她說光看就食慾大振，而且餐餐都吃得精光，讓她精神舒爽，看世界都變彩色的了。

至於作者我，得力於據點的尤其多，健康操讓我沾黏嚴重的左手臂已經快要痊癒了；口腔保健讓我經常的牙疤、口腔潰瘍都沒再發作了；共餐的營養餐食，維持住我的白血球數量，讓我能夠順利進行病症治療；卡拉OK課程盡情歡唱，讓我身心舒暢；樂器班大家合奏表演，尤其讓人有成就感。

當然最最要感謝的是我們石福春社區協會理事長啦！他很堅定地帶領大家一步步朝理想走，我認為他能夠如此任重道遠，都是因為他有很虔誠的宗教信仰在支撐他，把大眾煩雜的事務當成人間修行，無怨無悔，歡喜做，甘願受。再加上以我們巡守隊為基底的志工伙伴們，個個都是熱血份子，揮灑出來的熱情是多麼動人！已經很多人聽到我們光華社照C據點都會豎起大拇指，說讚！我們自己也以我們的團隊為榮啦！

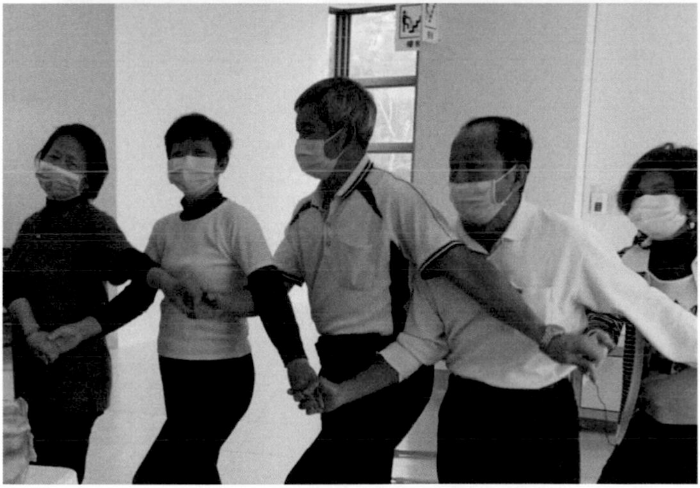

1/2

1.光華社照C據點做運動和美勞。（照片提供：孟慶玲）

2.光華村據點的跳舞課程—海洋之歌，旋律好聽，動作整齊又好看，還跳得滿頭汗，有運動到，一舉數得，很棒的課程。（照片提供：孟慶玲）

# 光華國樂團

孟慶玲

光華國樂團成立於民國一一一年一月二十三日。首任團長黃潤雄因參與慶豐國樂團多年，該團贊助民俗節慶活動演出無數，享譽樂界，黃團長遂欲以慶豐經驗帶動光華的人文音樂素養，而成立光華國樂團。經光華社區發展協會理事長石福春全力支持，安排場地、向議員募款、添購設備、招攬學員，並敦請慶豐文化發展協會理事長林彥呈擔任指導，整理樂譜，每週日早上在光華活動中心帶領團練，讓悠揚樂聲響遏行雲，美化人心，提升民眾的人文素質。

目前團員有二十八人，年齡從十歲到八十三歲都有，使用樂器以二胡為主力，輔以笛子、揚琴、柳琴、中阮，及各種打擊樂器……歡迎對國樂有興趣的民眾一起來同樂。

光華國樂團將以贊助社區內各社團活動的演出為近程目標，讓光華到處充滿優美樂聲，涵養喜樂氣質，進而營造出康樂的環境氛圍。更期待將來能到外地演出，讓光華的美好樂聲在全台灣都能被聽到。

感謝鄉長游淑貞贊助樂團辦理三天研習，感謝張懷文議員贊助樂團一套高級音響。

個人參加國樂團半年多以來覺得受益最大的是：靈活了神經傳導，也許可以和癡呆拉大一點距離。

以前曾參加北一女的教師國樂團，頗能自得其樂。但老師出國後，大家就散了。幾十年的煙塵，當再拿起樂器時，甚麼都不對勁了，譜看不懂、指法混亂。跟著團練經常出錯，總是覺得速度如飛，眼力不行，指法不行，一個曲子能撈到幾個尾音就覺得很不錯了，如今不知不覺竟然能夠從頭跟到尾，眼睛要跟得上，耳朵要跟得上，手指也要跟得上。也聽得旋律的美妙，陶醉在美好之中，宛若靈魂雞湯，讓人充滿能量。

因此社區既然有這個樂團，我鼓勵大家好好來利用，多學會一種樂器，也靈活傳導機能，享受得美好樂音，就擁有了健康人生。

1 1.光華國樂團練習（照片提供：孟慶玲）
2 2.光華國樂團演出（照片提供：孟慶玲）

# 光華巡守隊

孟慶玲

當初是鳳美拉我進巡守隊。這個團體是志工性質，每天都有四人一組在半夜值勤，一人隊部留守，三人開巡邏車在村裡繞。目的在發現急難，能及時通報；還有嚇阻作用，讓宵小不敢輕舉妄動。

這任務對我來說實在太新鮮有趣啦！退休了，天長日久的，半夜愛怎樣舞都不用擔心，何況還有人開車陪著夜遊，還能去哪兒找比這更開心的事呢？

首先最長知識的莫過於弄清楚光華的疆域有多大，從農業區到工業區，到海邊的台開樂活園商業區，全都屬光華村，是吉安最大村呢！而且村裡的重要地點都要去繞繞，去簽巡邏單，所以不要多久就能把整個村子都摸透透了。

車上另兩位同伴還會跟你介紹誰住在哪裡，小時候跟誰誰在哪一條圳溝裡玩水；怎樣調皮被老爸追著打；或是煮飯時沒醬油了，差小孩子去南海十一街買；公公婆婆在世時，經常在土地公廟聊天泡茶……這些老時光、老故事一下子就讓人親切得彼此像是一家人。

參加巡守隊最大的福利，應該就是可以賞深夜寧靜的農村美景吧？路燈如豆，狗吠淒清，默楞楞的山崗，星光燦爛。椰葉蕉影在風中搖曳，月光海潮金波蕩漾。瞭望海口沙洲捕鰻苗人的小帳棚一座座。幸運的還可邂逅許多夜行動物，夜鷹、果子狸、黃鼠狼……暗夜裡的綠眼睛、紅眼睛各自閃著眩惑的光彩。

這裡特別紀錄兩次奇遇。一：某次巡邏車半夜甫到達精舍，即遭到石塊襲擊，擋風玻璃乒乒乓乓一陣陣巨響，兩位男士立即俯身開門察看，原來是樹上大個頭熊蟬，睡眠中遭強烈車燈驚擾，竟然集體撞車假死。二：發現精舍池中白蓮半夜盛開，正是非常稀有的「子時蓮」。真是大開眼界。

穿著山寨警服，開著山寨警車，慢吞吞的車速，熱騰騰的血忱，保護家園，巡守隊最棒！

| 1 | 2 |
|---|---|
| 3 | 4 |

1.巡守隊制服（照片提供：孟慶玲）
2.光華巡守隊（照片提供：孟慶玲）
3.光華巡守隊的巡邏車（照片提供：孟慶玲）
4.深夜巡守村莊，村火明亮又溫暖（照片提供：孟慶玲）

# 光華的綠色交通——田園線自行車道

孟慶玲

田園線自行車道原是紙漿廠的小火車路改建而成。當初是因為要利用林務局一批須更新的雜林，以及給農場場員第二就業機會，才會有紙漿廠的設立，而運木材的小火車路，由紙漿廠出發，貫穿農場到達干城火車站，火車路兩旁種著檸檬桉樹遮蔭。

小火車原為載運木材，但莊稼成熟時也會幫忙載運，場員二代徐蘭香回憶說：甘蔗成熟時，用慢吞吞的小火車運出去，孩子們會跟著火車跑，然後偷偷拉下一根分著吃，大人也不怎麼會罵。這是農場孩子們的福利吧？

雜林砍伐完畢之後，紙漿原料靠國外進口，濱海公路也已通車，小火車路遂因此荒廢，日久改建為自行車道。向東可通七星潭，向西可達鯉魚潭，是兩潭自行車道中風光最美、最有故事的一段。

可喜的有民眾自動自發在車道兩旁種上美麗花卉，鄉公所也派人繼續補種，色彩繽紛的地景，自行車道搖身一變成為天地之間的豪華地毯，騎在美麗舒適的田園線上，可看盡農場的阡阡陌陌，是人生的大大享受。

1 | 2
1.光華田園線自行車道是紙漿廠舊小火車道改建而成（照片提供：孟慶玲）
2.光華田園線自行車道是天地間的豪華地毯（照片提供：孟慶玲）

# 光華的春秋、日夜之美

撰　文：夏婉雲
照片提供：孟慶玲

黛綠的山脈在遠方呵雲吐氣那當兒，光華村就醒了。山脈常涎皮賴臉，招手要我去他腳前報到，我說你站成壁立千仞，做我村子的背景就好。

你看我村：水田上整片的光，迷漾、濛濛來自海的霧，正一大隊伍淋向他伸手想抓，卻軟軟白棉，好滑；白鷺鷥適巧飛入其中，只見牠黑黑白白的身影切過又穿過，飛滑在虛實水田倒影中。

一株最高挺的稻禾，昂首想起農夫在耕田，另一株想起自己是秧寶寶，綠油油的青苗正抽長，後來戀愛婚配開花，稻禾們都很興奮，紛紛想起，它們的一生是風的旋舞曲，隨之拉起鄰伴，用力翻浪起舞，一萬株稻禾隨之都想起了，一聲令下，一起舞浪，舞出幾百米的稻浪；那一年，所有的稻穗，興高彩烈，株株結實飽滿。

清晨，霧是紗帳，太陽謙虛地現身一下，並不想亮透，等到濃厚的霧來了，潑墨似的濃稠，漫天的潑，整片地灑，大霧是光華村放蕩的畫家，山山水水都成了抽象畫；太陽躲避不及，只得躲在黑緞中，偶爾迸裂出，一條條紋痕，劍刺一樣從雲端由霧後，一劍劍刺入，有時輪盤樣旋開，晶晶耀眼，他躲在大霧中喊：看啊！這是送給你們的，最光華的禮物。

1.紅日東升（民國一一一年二月二十八日於華城七街與光華九街交口）

花蓮溪出海口濕地是國家級的生態保護區，一早來數鳥，順便拍美照，看這人間仙境不是？

2.台開心農場（民國一一〇年七月一日於花蓮溪出海口台開心農場）

夜裡七點多，雲中君的轎輦儀仗大隊，浩浩蕩蕩橫過天際。鄉村燈火溫暖而安詳。

3.月（民國一一一年八月十二日於華城六街）

奇萊山一向被稱做「黑色奇萊」，因為它的凶險，神祕不可捉摸。但是它的嵯峨高聳卻也造就它每天清晨最早捕捉到旭日東升的訊息，燃燒起熊熊火焰！變成美麗的「紅色奇萊」！

清晨六點當日頭在太平洋的霧濤裡要跳出來之前，天空仍是一片烏雲密布，包括東方海面也是灰霧濛濛，此時只有西方的奇萊山卻已經燃燒著熊熊火焰！相對應的大自然現象。來到後山，益發體悟的大自然奧妙：朝霞在嵯峨西山燃燒，晚霞卻在東方大洋高空上明滅。

4.紅色奇萊（民國一一〇年十一月十一日於光華八街遙望奇萊山脈）

廣闊的雲天，高麗菜一朵朵像綠色的牡丹花，鋪排到天邊。還能保持農場特色的莊稼大地，特別讓人感到珍貴。

5.高麗菜田（民國一一〇年三月七日於光華五街四村附近農田）

# 關懷據點舉辦的河口生態解說

曾碧霞

光華社區發展協會非常注重光華地區的生態環境及保育工作。時常辦理各項環保研習課程，深入淺出。讓志工們能實際體認生態變遷對生活環境造成的大影響。讓大夥從日常最小處學習環保，進而影響家庭成員。期待地球村的生態永續發展，光華也不落人後。

這一天，協會請了野鳥協會的解說員來介紹花蓮溪河口生態，我興沖沖地參加。

此次野鳥協會的解說員由何瑞陽、蔡緯毅、邱信文三師介紹花蓮溪河口的生態環境。三位老師分別以他們的專業為我們做行前的說明、實地觀察，現場還熱情的演練捕魚技巧。充實的課程整整玩了一天。若不是開始下雨，邱老師大概可以接著講夜間生物吧！

搬進光華村，讓我的生命又一次極大的轉折，重新認識我以為是故鄉，卻不熟悉的土地，處處是驚嘆！

今早何老師先介紹鳥類圖片，過去是書上見到的，如今卻是生活上的常客。春日，光華天剛亮，窗前的鳥就啁啾不停了：有小巧的綠繡眼、烏頭翁，喧囂的八哥、叫聲難聽的樹雀、羞怯的紅冠水雞、沿著牆邊覓食的白腹秧雞。

秋冬有棕背伯勞、叫聲清亮的黃尾鴝，還有急著要交配的雉雞。

今年冬天來了一隻虎鶇，每天早晨五點到每個窗子叩門，叫起床。我悄悄撥開窗簾和牠對望。原來，這位山友，不識文明，對著反射鏡，以為遇到熟朋友了。頻頻問好。南宋詞人辛棄疾有名的〈西江月〉說道：

明月別枝驚鵲，清風半夜鳴蟬。稻花香裡說豐年，聽取蛙聲一片。
七八顆星天外，兩三點雨山前。舊時茅店社林邊，路轉溪橋忽現。

我以為，描繪的是千年前的黃沙道中，原來卻是吉安一景，花蓮真是台灣的淨土，而光華更是淨土上的明珠。

1.生態解說（照片提供：曾碧霞）
2.嘗試木瓜溪出海口捕魚（照片提供：曾碧霞）
3.豆子魚魚苗（照片提供：曾碧霞）

4/5
4.窗台外的虎鶇（照片提供：曾碧霞）
5.中央山脈下的光華村（照片提供：曾碧霞）

# 原住民舞蹈班

邱秀蓮

按照專業人士的說法，退休的人應該學習新事物，腦子才不會快速退化，因此我加入了光華村的舞蹈班，班長身材健美，她是原住民的媳婦、也是有一半的原住民血統，成員從七歲到七十幾歲都有，大部分是原住民，而我是客家人。

平常在周二晚上練習，若有接演活動，前幾天就會每天密集演練，班長每次都帶著音樂撥放器到志工中心教我們跳各種原住民舞蹈，一直跳到滿頭大汗才歇息，所以對我來說，一方面學習，一方面也達到了運動的效果。

印象很深刻的是有一次在光華國小的運動會上表演，舞動起來沒多久，雨就絲絲的下起來，結果越下越大，大家一面跳一面趕緊把插在頭上的白色羽毛拔下，放到背在身上的情人袋裡，雖然跳完衣服都被淋濕了，還好當時每個人都穿紅色圍兜、黑色上衣和長褲，看不太出來，否則糗大了。

光華村民有四分之一是原住民，所以有頭目帶領著叫「阿都南」的部落。每年八月份都會舉辦豐年祭，去年因疫情停辦，今年於八月十三日辦豐年祭，我們每天晚上都趕著練習，每一條舞曲的舞步都是重複又重複，很容易學習；大人舞姿曼妙、小孩蹦蹦跳跳，舞步輕快、音樂節奏明顯，豐年祭當天，大人小孩穿著原住民傳統服飾分別上場，看到她們個個舞步嫻熟，只有我這個老菜鳥有一點生澀。

豐年祭開始都是由頭目祭祖請祖靈，對族人講話，然後帶領幾個勇士先繞二圈；他們頭戴羽帽、身穿男性傳統服飾，頭目的衣服是長的，壯士則身著短裙、上身著背心，露出強壯的身體，隨著站在場邊的一男一女哼唱繞圈，踩著固定變化的步伐、灑酒祭祖，接著邀請來賓加入踩踏繞圈，有人拿著米酒一個個的請來賓喝，還有人真喝了，我則不敢喝。

輪到我們舞蹈班上場跳舞，認識或不認識的人也紛紛下場，我第一次戴著繃緊頭部的花帽，不久鼻子痠痛甚而蔓延至眼窩，頭頂遮陽的紗網晃動，我的頭忽然略為暈眩，勉強跳完，把花帽拿下來休息才好轉，但身體已不舒服；第一次全副舞裝卻敗下陣來，真是不堪回首。

中午席開二十桌，吃完休息一下，我們都換輕簡的短舞裙、頭插羽毛，在這炎熱的八月天繼續跳起舞來，雖然汗流夾背但是每個人還是熱情不減，歡呼聲此起彼落，最後在頭目帶領勇士繞圈哼唱中送走祖靈後，再次邀請來賓加入繞圈、哼唱、在踩踏的舞步中結束。

隨著豐年祭的進行到儀式結束，感覺明年又可以平平安安的生活下去；看著老、中、青、幼在場上的舞動，瞭解傳承為何是那樣的生生不息。

1.祭拜祖靈後，舞蹈班大人小孩的舞蹈（照片提供：邱秀蓮）
2.豐年祭原住民舞蹈班合影（照片提供：邱秀蓮）

# 文化與垃圾：光華村的美麗與哀愁

邱秀蓮

曾參與兩部遊覽車三天兩夜從花蓮到台中的參訪活動，印象比較深刻的是猴硐火車站前之小吃店，客人鼎盛，我站在將近二樓高的車站陽台往下望，看到很多人不是走到煤礦博物園區，就是幾個人圍坐在小吃店前吃東西；還有苗栗的後龍好望角，走道很多小攤在賣東西，我回頭走時，買了一小包花生、一小棵野生靈芝、一根越南香蕉；還有飯店自助式早餐櫃前擠滿人，這些無非說明文化與經濟有關，唯獨光華村卻是文化與垃圾有關。

光華村的美，需要花時間慢慢體會，二十四小時不管早上、中午、黃昏、晚上都有它不同的美，讓人驚艷；晨曦中、月亮下，你都會沉醉。有一天我散步在黃昏中，夜幕低垂時，驀然從悲春傷秋中醒來「逝者已矣、來者猶可追」從沉痛中醒來以後，參加巡守隊看護村中的一草一木，以及美麗的民宿和重要場所；辦理「老光華的共同記憶」從孟老師提供的耆老口述歷史，以及村民提供的老舊照片中了解光華村的由來。我和孟老師都是外來移民，她不停地撰寫，挖掘光華村早晚的美，我深愛光華，為了反對又有人要在光華村旁邊蓋垃圾轉運站，主動參加自救會，發傳單、推動聯署，後來發現，其實不管施策者、受害者或是沉默的大眾，都沒有注意到自來水廠在光華村設有九個鑿水井，提供吉安鄉、花蓮市和壽豐鄉的用水。懂的人買水喝，不懂的人看造化，但是當天崩地裂的時候，那垃圾轉運站的汙水池所帶來的潛藏巨大危機，豈是我們凡人可預見？所以一定要反對到底。早期的紙漿廠是歷史共業，接著是垃圾掩埋場，老是臭味沖天，廢棄物工廠、靈骨塔，不斷進駐，目前就是資源回收公司要蓋垃圾轉運站，縣府已經核准了，傷心的我們只能奮起一搏，我們的自救會員說：「老命也活得差不多了，可以供獻給光華村。」

民國一〇九年光華社區協會曾與後山山後故事館合辦光華村的騎單車微旅行，村中導遊帶領遊客從生態區開始解說，沿著木白瓜溪自行車道，沿途風光明媚再到歷史牌樓進入村莊，看候車亭，再賞石頭屋和圍牆，從田園自行車道到汽車廢棄物鋼鐵廠，美育兼智育的微旅行，很適合親子旅遊，可惜因為疫情停滯，若果再加上垃圾轉運站，光華村的未來堪憂。

本來台開新樂園的經營，尤其接近海邊規畫的田園步道和孔雀、天鵝等動物，逐漸帶動光華村前進，看得見的是美宅一棟棟的蓋起來，誰知好景不常，疫情影響了經濟又帶來了垃圾轉運站，我們想讓光華村越來越好，不容有人破壞。

但是光華村的微旅行會持續，光華人物的撰寫會持續，我們對垃圾轉運站的抗爭也會持續，光華村的未來還是會生生不息。

1.垃圾轉運站選前暫停施工（照片提供：邱秀蓮）
2.光華垃圾掩埋場一包包打包的垃圾（照片提供：劉春興）
3.光華沙石場（照片提供：劉春興）
4.光華村的漾漾水田（照片提供：邱秀蓮）

# 和污染爭地的光華村

夏婉雲

台灣各縣市垃圾抗爭事件層出不窮。花蓮沒有焚化爐，各鄉鎮自己處理垃圾，花蓮市有花蓮市的掩埋場，吉安鄉有吉安鄉的掩埋場；光華村在吉安鄉面積屬最廣，而村民只有二二一八人，可謂地廣人稀，吉安鄉的掩埋場就在光華。光華佔地八五〇公頃，地處荒陬，故垃圾掩埋場看上它。

當年與河埔爭出新生地的場員均為低階場員，或貧窮或抓兵來台，人生後半輩終老於斯；而第二代年青人亦受困於環境，留在村內的，平日僅汲汲營營、溫飽度日，實無餘力改變困境。

光華村老一輩老矣！場員子孫賤賣土地，民國九十一年那時汙染事業設在光華的就有中華紙漿廠、垃圾掩埋場、污水處理場、流浪犬中途之家、大理石石材廠、沙石場、宮廟、倉庫等；這些龐然大物如雨後春筍般冒出來，村落和紙漿廠廢氣、垃圾場臭氣共存。數座不合法沙石場，沙石車揚塵滿天、運轉及輸送機械產生的噪音鎮日轟轟轟，村民與之比鄰而居，花蓮縣政府莫可奈何、取締不了。

村內現有中華紙漿廠佔地約一百公頃，運轉五十年，朱樹鑑伯的採訪稿就說，當年在紙漿廠工作，臭到無法吃飯。中華紙漿其母公司為永豐餘投資有限公司及信誼基金會。紙漿廠目前還在招募員工，還在排放廢氣，吹東北風就臭到光華及東華大學，西南風就臭到美崙去，這是歷史的共業，光華村民二代人皆在此打工或專職真有說不出的苦。

光華村從九十一年就抗爭垃圾掩埋，至今已二十年。九十一年，當時掩埋場舊場已飽和，正要投標興建第二座，光華村民在鄉公所抗議，鄉長堅稱緊急掩埋場最多使用兩年，九十三年起會興建區域垃圾掩埋場取代，結果食言。

民國九十四年，鄉公所在光華五街和華城路之間蓋吉安鄉的垃圾掩埋場，村民抗議失敗，垃圾掩埋場還是蓋在光華。

在一〇三年掩埋期滿理應停止，卻變身為垃圾轉運站，服務十八個村的垃圾，居民抗議失敗。到了一〇五年陳情抗議縣政府的北區五鄉鎮垃圾轉運站，幸好這次抵抗成功。

一〇八年六月環保局迫切欲設置密閉式廠房轉運站，原選定吉安光華村興建轉運站，設九百坪負壓式密閉廠房，全程在室內作業，垃圾車直接將垃圾倒入密閉拖車，讓臭氣不會外洩，這說帖村民已有排斥心理，三年來居民不斷抗議。

至於，暫置的生活垃圾，皆轉運至宜蘭縣利澤垃圾焚化廠進行去化，但該廠焚化爐體及相關設施逢整備階段，代處理量逐月遞減，環保局雖已全力優先清運吉安鄉所產生的四十噸垃圾，但轉運量仍超過利澤焚化廠核予花蓮的代燒量，故一〇九年現場仍有暫置家戶垃圾，計約八十～一百噸，臭氣還是沖天。

花蓮縣沒有焚化爐，近年來常面臨地方掩埋場飽和，與代燒的宜蘭利澤焚化爐問題，垃圾北運，卻常遇焚化爐歲修、年節、地震、道路中斷導致垃圾囤積甚至到一層樓高，長時間累積發臭，讓附近民眾很困擾。

無法順利北運。讓垃圾問題成為花蓮的民生隱憂，花蓮縣府打算與秀林鄉台灣水泥將做好的水泥窯合作，代燒垃圾，目前這水泥窯計畫何時能營運還是未定之天。

光華村地處偏僻，因垃圾掩埸就在村內，偷倒廢棄物隨處可見，因老榮民習慣沉默、服從，——這些臭味、噪音、灰塵，在《石頭夢》裡全沒演出，全中國人不清楚，以致眼前出現了千瘡百孔。

一個受遺忘、忽略的小窮村，受困在污水、空污裡，拉鋸在紙漿廠、垃圾場、沙石廠、污水廠裡；但這兒卻是榮民把「青春獻給戰爭、把力氣留給光華，與河爭地的所在」，我們要善待彼等辛苦開闢的土地。畢竟，以前的戰亂、墾荒都有榮民的斑斑血淚，我們也要善待他們的晚年；雖然他們只是大時代中的小漩渦。

# 搬：獻給光華記錄片《石頭夢》

夏婉雲

（夏婉雲此文是以劉必稼之繼子劉春興的角度來書寫）

胡台麗教授過世，我難過得找出《石頭夢》影片又看了一遍，這是她為繼父劉必稼所拍的紀錄片。

繼父的石頭夢就是豐田時期敲石做堤、吉安時期填石養家。我的石頭夢是撿石頭，怡情養性、賣出好價錢。

記得繼父看完影片眼眶微濕，大夥起鬨，他只說：「以前太苦了。」因挑著、砌著的都是石頭，他就是不起眼的石，流年沖刷下，強悍的立在地上填住裂縫，誰也搬不動。

影片裡現出我帶著胡台麗導演在河床一石一石的翻找。幸運的撿到玫瑰石，琢磨後或有美景。石頭藏著兩代人有過夢想，每個活過的場員皆有豐富的故事；村子有弱智、聾啞、精神分裂之女一直懼婚。兩代之間若加串聯，就像剖開後的粉紅奇石，繽紛。

石頭有多瑰麗呢？擺在案上的石頭，有黑色條紋的樹幹枝葉，如起伏的纖細皺褶，這山水畫早上看：密林中有鳥影飛起，下午看：川流緩緩過山崖；今天看：江岸樹石迎朝陽，明天看：春回大地樹崢嶸。觀石可修身養性，摸石可靜心內省，這意境會有好運道。

作為收藏擺件，藏家喜歡借景、造景，玫瑰石以黃色紋路為底，顯出濃鬱沉穩，多像純樸的花蓮人；表面是褐黑色，初看不起眼；經切割、研磨後，嬌豔就開顯了。

繼父為討生活常把擋住莊稼的石頭搬走，我則費盡心力把玫瑰石搬回；繼父如頑石，只用原始的方法賣力耕種。幸得陳耀圻和胡台麗選中，才紀錄了老兵之艱辛。

我倆命運互異，一個不斷搬走，另個不停搬回石頭，都成了生活的癡。這一去一回，看不見的石頭夢，只有我知道他屯田時面對一地石頭，心中說不出的悲苦，外人看不見。

1 1.木瓜溪河床，可以撿到瑰麗值錢的玫瑰石
2 2.木瓜溪自行車道

# 尋夢踏實，讓光華人物故事閃耀光芒

夏婉雲

我一直深情記錄成長的花蓮，要寫故鄉山海、族群、人與土地的關係，要呈現當地的特殊風貌、懷鄉之情。我想以花蓮的人文、山海為起點，以不同的觀點望向眷村與部落，走回記憶，再出一本深入在地的文學行旅地圖，這本書讓我達成了心願。

花蓮光華農場開發之初是由東部土地開發處規劃，民國四十三年開發總隊官兵開發河床沙礫地而成。早期無重機械，大都由人工按地形開發成一分一分的小丘塊，表土很淺，後來趁著颱風或大洪時將泥漿濁水引入田裡，待濁水沉澱，就成田裡沃土；或者是挖取海岸山脈的客土來倒在田裡。土地開發後向地政單位登錄，大部分地目為「田」。

農場的人口，在分場成立之初以安置開發總隊退伍之榮民為主，大部分是單身榮民，一棟石頭屋就是一個莊。裡面住二十多個單身場員。一個莊有兩扇門，屋裡中間擺農具，兩邊擺單人床。成家的就搬出去住。民國五十六年成立眷村先安置三十戶，後又安置六十戶，這九十戶即現在的新五村。以後又安置自謀生活榮民進場，輔導其先蓋房舍入住，再分配土地耕種，總數約三一七餘戶。

在農場生涯中，感受到農人最怕的應是颱風，大家是叫苦連天。還有一些颱風是晚到十一月才來的，二期稻作快要收成，一下子就全部泡湯，連來年要播的種子也沒了。在光華只能有一、二期稻作，冬天一般種些蔬菜。颱風夜一向都在場部待命，家裡就靠太太護持。那次潰堤的缺口在四鄰前面，淹水也最嚴重，有些田和房舍流失了，行政人員都徒步去疏散場員到分場部暫時安置。

花蓮的颱風地震肆虐，這些讀來都令我這個花蓮人感同身受。

再次感謝光華社區發展協會的石福春理事長、引薦我認識慶玲老師，他們熱心帶領我進入一個熟悉又蠻荒之地，讓我在裡面醞釀、思索成書。

劉必稼的繼子劉春興也令人動容，他有思想又有情義，一直和社區群眾一起抗爭，努力改善社區環境，採訪者慶玲讚他最有心。

我們共同記錄了上一代老榮民的艱辛、辛酸，共同看見這一代面臨許多環境污染的問題，希望大家齊心努力解決環境問題。

訪談榮民耆老將最殘酷的事彰顯，原來最基層士兵是這樣生活，將隱藏五十年的徵兵、撤退真相揭發了，我們看見戰爭、逃亡、撤退後面的所導致的物質匱乏，軍心民心失控。

豔陽藍天，木瓜溪畔有縱橫阡陌的田埂，盼《石頭夢》中悠遠質樸的古琴聲，伴隨浪花共織夢想。

我又思及：中華國際觀光協會行政總顧問陳兆霖將軍說：花蓮有不同的特性，許多公務員，不想調到花蓮，但調到花蓮後，卻不想走，許多人說花蓮的土是黏的。

花蓮的觀光產業發展，花蓮人有純樸的特點，原住民、客家、閩南、外省四大族群，尤其是原住民。觀光協會行政總顧問既而說：「花蓮有很多景點，但缺乏的是故事性與國際化，例如以「石頭夢」為例，就是一個很好的觀光賣點。」對於陸客問題，他又說：「兩岸應合作連結共同發展，把點、線、面的觀光景點結合起來。劉必稼挑石頭、開闢田地的故事，是台灣移民的縮影與映現社會變遷。」總顧問說的是願景。

現在光華村：光華人物故事閃耀光芒（照片提供：石福春理事長）

# 後記

# 走過大時代的腳步聲

孟慶玲

二十年前，還沒退休的時候，有一陣子劉必稼的紀錄片在電視上播放，校園裡因而掀起了老兵熱，學生們瘋迷老兵故事，假日拿著筆記本到總統府後面狹窄的桃源街，纏著賣麵賣餅的老兵講故事，老兵忙做生意沒空搭理，往往以「忘記了」打發她們。偶爾幸運打聽到一兩篇，就興高彩烈登上校刊，引起廣大同學的回響。

十年前我來到光華，懵懵懂懂以為是普通農村，一次高中同學李素端偕夫婿呂勝瑞來看我，他們夫妻倆長年在台東從事社會運動、社區營造，憑著敏感度提醒我：這兒是台灣碩果僅存的活眷村，可以當成特色來經營地方。才警覺原來我竟然來到了老兵之鄉，打探之下，劉必稼一家果然在焉！興奮之情無以言喻，只想拿起大聲公高喊：「快來啊！想聽老兵故事的都快來啊！」可是當年的學生們已不知何處去，時光巨輪又不斷催著老兵凋零，當務之急就姑且先讓我幫她們記錄一下吧！

最初的採訪就只愛聽打仗，至於打了甚麼戰役，其實沒有概念，甚至還疑怪怎地就沒有打日本的呢？後來逐漸領悟這些伯伯們的年紀對抗日來說都太小，民國五年以前出生的，才有可能打日本，伯伯們大都是民國十幾年出生的，打的是共產黨，年紀再小的，只能打韓戰，打的是美軍。

雖然知道是眷村，伯伯們都是退伍老兵，卻沒理解他們住在這裡是有組織、有制度的。他們的真實身分其實是農民，是場員。原來政府為了照顧他們退休後的生活，在這裡闢了「光華農場」，就跟「武陵農場」、「清境農場」一樣，讓他們自給自足來養老，劉必稼和石頭夢兩部記錄片演的就是光華農場上下兩代的故事。等我一步步明朗之後，才了悟我真的來到一塊寶地了，打開了我不曾有的視窗。聽伯伯們的故事，把國共的大小戰役，甚至是韓戰的槍聲砲火，都真人真事演了一遍；看到老兵挑石開荒打造農場；看到老兵安家落戶兒女環繞；看到老兵返鄉，淚水哭斷天涯！然後走過大時代的腳步聲就漸行漸遠漸稀了。

十年前光華國小南面緊鄰大排水溝邊，堆置著壘壘巨石，個個嶔崎崢嶸，非常壯觀。我知道老兵墾荒與石頭奮鬥的故事，了解這些石頭正是光華開拓史最寶貴的見證。不料當時一般人並沒有文化資產的觀念，連校方竟然也完全不知校史，不明學生來自怎樣特殊的社區，當然也不懂這些石頭的來歷，於是輕易就全送給了沙石場。我與鳳美女士趕到現場，阻止不得，眼睜睜看著巨石被載走。痛心疾首無法平復。

歷史保存的意義在讓後來的人知道這塊土地上曾經發生了什麼事，讓子孫了解父祖踩過怎樣的腳跡，從而產生愛鄉愛土的情操，知道未來的路要怎樣走，怎樣開展。所以光華人一定要知道光華的故事，而光華的故事正是一個大時代故事的縮影，我們不求第一，但我們要珍惜的是唯一。青青禾苗，壘壘砌石，這是光華人安身立命的所在。

光華除了有值得探究的人文歷史，又因了農場的基礎，田野遼闊、溝圳縱橫，加上地處木瓜溪流域、花蓮溪出海口，大自然的生態和景觀都是出類拔萃的。所以我們也選了一些美照給大家欣賞，都有標上日期地點，讓想要追美景及對生態有興趣的人士能注意四季晨昏對環境的變化。當然更期盼政府單位能珍惜這塊寶地，不要欺負老兵順從的天職，盡把鄰避設施往這裡蓋。

這次因為夏婉雲教授想為光華寫報導文學，我提供了大量口述歷史的資料給她，她因此興致勃勃拉我一起出書，也申請到文化局的經費補助。但我一心想替社區修史，保存地方史料，與夏教授優美如詩的文筆要求多有扞格，文學和史學的衝擊在我倆之間爆發無數次戰爭，她怪我不美，我怨她失真，各持己見，勃谿難息。但還是要特別感謝夏教授熱心玉成我們替社區出史記的心願，也在她急急如律令的催促下，我們的第一部書才能順利誕生。

感謝樂於分享故事的受訪人，感謝喜歡聽故事的大家，感謝願意參與的寫手們，光華的故事要一直寫下去。將來的規劃除了口述歷史的紀錄，還有宗教文化、民俗活動、經濟產業、奇石欣賞、自然生態與風光的報導。本人因為癌末在與時間賽跑，所以不揣鄙陋多有發表，是希望拋磚引玉，能為社區文史調查奠個初基，以後就能邀請大方君子一起來發現、一起來記錄、一起來參與書寫屬於光華的美麗與驕傲。

民國一一一年九月十二日

# 工匠所棄的，已成了房角的石頭

夏婉雲

## （一）緣起：我發現劉必稼

這本口述歷史是言石頭前世今生的代價，「工匠所棄的已成房角的石頭」，這是聖經〈詩篇〉118：22之語，別人所丟棄的正是我想要的好石頭。

二〇二一年四月我又一次到故鄉花蓮采風，天晴碧海下獨自騎機車從新天堂樂園、貨櫃屋星巴克到「後山・山後故事館」參觀，發現故事館牆上有石頭夢的主角劉必稼老兵、有開發大隊的「牌坊」照片，我一直以為開發大隊在壽豐鄉，問了館員才知離故事館不遠，因而雀躍不已，儘管天色已灰濛，還是毅然尋訪。我曾寫過東部開發大隊石頭夢的文章，對劉必稼故事搬上螢幕，胡台麗將木瓜溪畔的土地與新移民關係拍成紀錄片頗熟稔。

緬懷榮民前輩與河海爭地屯墾史實，這尋訪之路是找尋「台開工業區」、騎過大片工廠、過了其臭無比的垃圾掩埋場終於找到光華四村（農場舊制）、轉到了「牌坊」。這是奇妙的巧遇，在霧霾霾的天空下，才發現光華村入口處離我老家很近，我居然闖入老家，就在空軍防校對面——知卡宣綠森林親水公園，幼時我住在防校旁邊的復興東村，原來我就住在光華一街、光華二街的交口處。時空晚了四十年，我才找到劉必稼這個心儀的「赫赫鄰居」。找到開發大隊的漂亮「牌坊」時，天已全黑，我的心在閃光燈之下卻燦亮亮，一如「劉必稼在湖南老家接受徵召，隨國民政府來台，天色在山巒間微微透亮，他和同袍們早已挑著扁擔，在冰冷溪水裡築起花蓮豐田大壩……」陳耀圻導演躍出於我心，「而胡台麗導演在四十年後，偶然之中發現劉必稼木人……。」劉必稼村子，也突然躍於我眼前，這是我奇妙的探祕。

劉必稼已逝我見不著，設法找到劉必稼的倖存同袍也好。我尋得光華社區發展協會，半年後，我回花拜訪石福春理事長，他介紹我認識作文史工作十年的孟慶玲師，之後多次往返光華作田調，因愧對渾然不知的對面四十年鄰居、因場員的故事觸動我心，我起心動念申請縣府補助，謝謝文化局的補助款。此書九成是北一女退休國文老師孟慶玲所書，宜昌國中退休歷史老師曾碧霞寫五篇（她竟是我花女同學）；邱秀蓮小姊、劉必稼之子劉春興訪各寫數篇，大家的口述歷史讓我們合作完成此書。這一切歸於奇妙的相遇，讓我能完成睽違鄰居之作；近年研究原民文史，我相信此中必有祖靈的呼喚。

## （二）剖開瑰石、赫見風景

六〇年代，全台各地都有墾荒山林的開發大隊，偏偏，陳耀圻導演選中了劉必稼場員，當年他是搬石頭比賽第一名，導演認為別人都心浮在表面，而他黝黑樸實、不愛言語是中國農夫的代表，陳耀圻在一九六五年攝製了《劉必稼》，他是台灣紀錄片史上第一部真實電影的主角，片中主角劉必稼是一九四九年在大陸農村被抽壯丁而隨政府來台的軍人。他在退伍前到台灣東部河川地挑石頭，在壽豐鄉豐田村修築堤岸。39年後胡台麗在吉安鄉光華村戶長名冊中發現了劉必稼，她大喜過望，劉必稼會變成怎樣？是繼續農耕？有子孫了嗎？發現他由單身變成了七十多歲的老翁，胡導演前後花了六年時間，二〇〇四年拍成紀錄片《石頭夢》，續拍這個外省老兵與阿美族妻子、過來的兒女所組成的新移民聚落。劉春興是劉必稼的兒子，他眼見胡台麗教授在他家進進出出拍攝，眼見聚落的變遷，四十多歲的他心境如何？

劉必稼的寡婦妻子帶了五個小孩而來，劉必稼沒給聘金，條件是要養其子女；而其他太太們也有故事，許多十七、八歲的阿美族女孩，為了省娘家口糧而嫁；劉必稼的鄰居太太有客家人、閩南人、有殘障者，他們就這樣互不嫌棄、相互陪伴著（有些人有再生子女）；慢慢的兒孫輩也逐漸成長了。

劉必稼影片一在壽豐豐田村拍攝、一在吉安光華村拍攝，兩次被選中以他為主角拍成，寫出六〇年代全台各地的開發大隊榮民築堤養地、開挖水道、修路造田的故事。他們四十歲許才成家，老夫少妻、老來寵子，子孫在此盛衰，代代訴說台灣聚落的變遷。二〇〇四年《石頭夢》紀錄片入選阿姆斯特丹、巴黎、以色列紀錄片影展，在國際上發光發熱，劉必稼成為台灣五年級生家喻戶曉的名字，我去真善美戲院看首次的商業紀錄片放映，發現劉必稼的臉部平板，和我這個一湖之隔的湖北人相似，越發覺得親近。

而隨著時代的變遷，在昔日放領的土地大多被他們或子輩孫輩敗掉了，老一輩面臨了那個大時代無奈的歷史背景，中生代與新生代也有要面對的現實與理想間的拉鋸課題。身為劉必稼繼子——已成年的劉春興目睹拍片，他的生命歷練有何變化？其他第二代、第三代的生活如何？一九六五年陳耀圻只拍攝劉必稼開發大隊單身時代，三十九年之後，二〇〇四年胡台麗導演拍攝劉必稼婚後有子有孫的聚落融合時代，續而十八年後二〇二二年這本書出版，寫出劉必稼繼子春興及其他第二代的生活及周遭環境的困境。

花蓮沒有垃圾焚化爐。光華位於花蓮市東南隅，地處偏僻，村內有紙漿廠，大理石石材區，垃圾掩埋場，尤其是垃圾掩埋就在村內一角，所發出的臭味、噪音、灰塵，經二十年抗爭皆無效，是極為棘手嚴重之事。

這些《石頭夢》紀錄片全沒有演出。光華村民該如何抗爭？如何築夢踏實？執政者該如何尊重九十歲在世的老榮民，如處理得當或可變成政府關心弱勢榮民的範式。

## （三）聚落的美景與哀愁

這本書記錄的訪談者幾乎都是孟慶玲老師，她北一女退休後住在光華社區十年，一直為光華做口述歷史紀錄，石理事長帶著孟老師、我，探訪很多九十歲耆老榮民，他們是活歷史的見證人。

最讓人感動的是許多榮民是在大陸被抓兵入伍，在大陸農村生活困苦，一路跟隨部隊來台；在軍中歷經風霜、九死一生；進入中年想退伍，在東部開發大隊住草寮，受毒蛇、野獸侵襲，飢寒交迫，酷熱難當還要挖石開墾，看得令人心酸；他們的寂寞孤單是可理解的，難怪會娶原民組成新移民。胡台麗認為「石頭」是《石頭夢》最重要的象徵，她說：「將辛苦在石堆中開墾的劉必稼這一代和喜愛撿拾與玩賞石頭的劉必稼兒子下一代連繫起來。劉必稼和他的家人如同玫瑰石般外表黝黑平凡，內裡卻蘊含瑰麗高雅的景緻。」

我們最要報導場員與子女之間情感的拉鋸、矛盾和依戀。熱愛文史的北一女孟慶玲老師搬到光華，發現場員老矣，再不做則悔之晚矣！積極著手整理老兵文物長達十年，辛苦的孟老師寫好九成，再經多位社區發展協會會員加入參與訪談，現今匯合提早整理出，匆忙間必有疏漏處，還望老兵、老兵後代、社區居民、文史者原宥、指正。

白雲藍天，東部淨土的光華阡陌交橫。遠山渺渺、近溪嘩嘩，聚落美景無數，《石頭夢》沉鬱古琴聲，又在耳邊悠揚響起。

# 看不見的《石頭夢》

劉春興（劉必稼之子，曾任光華社區發展協會總幹事）

——夢是局外人所不見的，只有在夢中之人備嘗悲歡離合、酸甜苦辣。

我想成為布袋戲裡面的織夢師，能像他厲害的進入夢境，進入人的過去、現在、未來，能編織別人想要的夢境。

大約四十年前，聽說有一位陳耀圻導演來拍過影片《劉必稼》，那時我才五歲，幾乎沒有印像。

三十年後胡台麗教授又找上門來我家拍叔叔的紀錄片《石頭夢》。飯後胡教授堅持清洗我家的碗筷，如自家的大姊，我多想喊她一聲「大姊」，而自始至終皆喚她「胡博士」、「胡教授」。我是軍人，退伍後回到吉安家鄉，和她的背景相距甚遠。

人與人之間若僅處於區隔、來處、背景，無法包容「愛」、無法彼此珍惜，那就空有殼沒有靈魂，我一直在思考這些問題。

胡博士要到我家拍我叔叔，我不懂什麼「民族誌紀錄片」，只感覺她平易近人、關懷聚落群族，尊重各式各樣織夢的人，她是如此貼近我。

胡博士鏡頭精準的攝取了光華社區的影像，讓觀者更容易觸發同理心看待片中的人、事、物。但若要我以個中人身分發言，用言語表達內心感觸真難，我的心靈，恐怕只有用文字表達較合宜。

## （一）咀嚼卑微的願望

假設性的觀點，雖僅能當做前題，但我嘗試過，偶而也能當做短暫解苦良方。年輕時叔叔有不抽壯丁的權利，可選擇他弟弟去，他在片中說：「如果我已經是二、三十歲的人，要我選擇，我不會選當兵，可是我才十幾歲。」

胡博士也問我的選擇，我的回答是：「如果我是二、三十歲的人，要我選擇，我不會選他當我的父親。」此話乍聽難堪、殘忍。其實，生命中本有許多無奈悲苦，很多事是無權選擇的。基於此，我相信宿命，宿命既是如此，就讓卑微的願望潛藏在夢中默默咀嚼吧！

## （二）止痛良方

以旁觀者言，觸發同理心是可能的，而我相信，無法與《石頭夢》鏡中的主角置換卻是絕對。母親過世後，叔叔心灰意冷，多次言及要回湖南老家終老，姊姊好言勸慰，我曾多次行經叔叔房門外，聽見房內傳出刻意壓抑而啜泣的低鳴，我心痛如刺。「叔叔，哭吧！我想說：台灣就是你家。」也讓我開竅的心靈、貫通的情感，盡情的流竄、盡情的思索。

## （三）《石頭夢》沒有演出的內容

我有魂，特別離開居住二十多年的高雄回歸。我不知居住的村子是否也有村魂？如有，我誓將每天撫慰在暗夜裡啜泣的靈魂。

光華村位居吉安鄉東南邊陲地，面積約八百五十公頃，村民四百二十四戶，旁人或以遺世獨立形容，而我獨以遭遺棄而言。

村內現有中華紙漿廠，佔地約一百公頃，大理石石材工業區，垃圾掩埋二座，一為已飽和狀態，另則興建完成準備啟用，大花蓮地區污水處理廠，流浪狗中途之家，八座不合法沙石場整天在轟轟轟。

近來據聞花蓮北區垃圾分撿場，規劃評估地點是我們光華村，悲乎！因光華地處偏僻，因垃圾掩埋場就在村內，偷倒廢棄物隨處可見，因老榮民習慣沉默、服從——這些臭味、噪音、灰塵，《石頭夢》全沒有演出。

## （四）天若有情，請同我撫慰啜泣的村魂

族人遵守祖先訓示，以祖靈稱之，那麼，在暗夜裡啜泣的村魂呢？二〇〇五年《石頭夢》首映會，二月二十七日下午，自台北參加完首映會返抵家門，我未及更衣便直奔木瓜溪岸，坐在溪畔沉澱數日來奔騰的思緒。江岸瑟瑟、撫今追昔，記憶翻滾。

年少時為求學、為逃脫困境而離鄉背井，再回首，眼前千瘡百孔，竟是我摯愛的田野。我鼻酸、眼矇、啜泣、放聲大哭，竟來得那麼自然。天若有情，天憐我村民，請同我撫慰在暗夜裡啜泣的村魂吧！暗夜是廢氣、臭氣發起夜襲的時刻，暗夜是汙染、盜採有害我村魂的時刻，我無言的靈魂，僅能無助的悲泣。

## （五）總統先生：您好

我是中研院胡台麗博士所拍攝紀錄片『石頭夢』主角劉必稼之子阿興。

今年二月二十五日晚間，出席石頭夢首映，承蒙總統、副總統蒞臨，我聆聽您觀

影之感想、非常受教。

返鄉後三月三日於石頭夢網站上留言版留言，藉以表達內心之情感。冀望我們吉安光華社區長久遭遇的困境能尋求一些支援協助。然而，就在四天後的三月七日，村內的鄉屬垃圾掩埋場正式啟用了；又在四月上旬，花蓮縣環保局又正式召開記者會，公布花蓮縣北區垃圾分撿場評選定案在「光華村垃圾掩埋場」旁。因沒有第二、第三個評選地點，這是預料中事，村民真是嘔到極點，這些《石頭夢》全沒有演出的臭味、噪音、灰塵，您看不到，我們無法平息，悲莫悲乎斯！

光華村老一輩榮民，均為低教育程度，或貧窮或抓兵跟政府來台，人生大半輩葬送於斯；而第二代年輕人亦因環境因素，大多未受較好的家庭及學校教育，留在村內的，平日僅夠汲汲營營、溫飽度日，實無餘力覓宅改變困境。

我原本長住高雄，返回村子之初，嘗熱心訴諸行動，希望能協力為村子尋求解套途徑，但其結果令人灰心。乃因體制僅區隔「統治集團」與「被統治者」之二分關係，被統治者聲音微弱，感覺上云云百姓榮民只有聽命的份。

像目前存在於光華村轄區內，眾人痛恨之「鄰避嫌惡設施」，誠懇期望有權、有能者，能更具備同理心來關懷這群卑微的同袍。近年來，群眾運動不息，幾乎任何事情均須訴諸群眾運動方足以突顯問題，而間接予政客施肥、灌溉，助其成長茁壯，無形中浪費社會成本、國家資源。但事實上，確有許多小型民生問題待解決，也許政府認為小事一樁，但對於受影響之當事者，卻飽嘗其害。

如果，政府各權責機關能多發揮同理心甚或以感同身受來執行上述公務，事前多與百姓溝通、說明、協調，莫存鴕鳥心態。避免讓人民誤判，以為：現今統治階級對人民的壓迫與過去無異，只是形式與手段不同而已，能乎此，或許以台灣人「勤儉刻苦」、「樂天知命」、「愛好和平」的天性，能更有助於激發出一股安定的力量。

民國九十四年四月二十二日

光華村民　劉春興　敬上

# 新住民

曾碧霞（宜昌國中退休歷史老師）

雖然搬來光華村數年了，但眷戀舊情，我總是回到老地方找老朋友活動。剛搬來光華村時，村長介紹光華現況。他提到近幾年，搬來不少新住民。我腦袋裡想的是：「他們是越南、印尼，還是大陸籍的？」豈知，他說的就是我。我是光華新住民。

幸運的，我結識了社區發展協會的理事孟慶玲老師，她也是新住民。但入住之後，她立刻看到光華的美！她說：「光華：是台灣僅存的活眷村，歷史值得保存珍視。」

她熱心的為我導覽光華村的發展史。我們去了光華水源所在的初英，看到日據時代就整治的水源頭，依舊滔滔不盡的灌溉吉安鄉的良田沃野。村子西邊有民國五十三年豎立的光華農場牌坊，有贔屭駝著紀念碑，上頭紀念的開發功臣，盡是長官們，而真正一鑿一斧開疆闢地的榮民則未曾列名。然而，歷史竟都是無名小卒造就的，而那些英雄只是歷史的掛鉤罷了！

因為參與光華農場開發先驅的老伯伯們的口述歷史撰述。讓我有機會讀到民國五十年開發大隊在光華落戶生根的故事。這群民國三十七／三十八年國民政府撤守，從中國東北、西南年少從軍者，或政府軍撤守時沿海諸省抓丁，被迫來台的青春少年，最後選擇根留花蓮；在木瓜溪出海口，大小石塊堆疊的河床地，築堤養地、開挖水道、修路造田。幸運者成家立業，子孫在此繁茂，代代訴說石頭村的奇蹟！

訪問榮眷時，我發現她們也來自各族群；阿美族、泰雅族、布農族、閩南人、客家人。河水沖刷，磨洗了彼此尖銳的差異，泥土緊緊地將這九十戶人家握裹在一起，徒手築起石壩，開發一畦一畦的良田。現在，當我走過光華鄉道，見到路旁堆疊的黑黝黝大石塊時，開始肅然起敬了！

經歷五十年，老榮民凋零了，第二代的年輕人泰半離家往西部謀職，從事農業的人口不多。土地轉賣，新住民遷入。新住民除了少部分退休人員，想學陶淵明晨昏與草木為伍，習作農事之外，從事各行各業者漸多。期待新一代的光華人都來聽聽光華石頭村的故事，不要它受到化學汙染，不要它荒廢成不毛，愛護這片土地，守住這多族群大家庭的基業！

民國一一一年八月二十九日

# 傳承

邱秀蓮（花蓮縣蒲公英關懷協會創會理事長）

午睡醒來，望向窗外，秋的蕭瑟在枝椏上晃點，夏天就在柚子和烤肉中逐漸遠離……想起中午與孟老師討論修改文章的問題，她問我：「舞中下雨為何要把羽毛拿下放在袋中？」我回答：那是人造羽毛，經不起雨淋，她還說：「黃信泰口述那篇有關除夕夜放鞭炮比賽是很好的點子。」我深表同意，同時我也告訴她：「在準備豐年祭舞蹈的每個夜晚，看到小朋友跟著大人也在蹦蹦跳跳，有一個很可愛的小男娃，睜著發亮的眼睛，『蹬蹬』的跳著，都還不會講話，就開始跳了，讓我看到傳統文化就是在包容和歡笑中不斷的傳承下去。

每晚，同時也有射箭隊在廣場另一邊練習，有位帥哥說：「我們射箭隊南征北討，也是在賽前加強，這半年已經積賺了五萬元的獎金，激勵我不斷地往前。」我聽了很羨慕，既能強健體魄又賺錢。哈哈真好。

我們也談到前年所辦的「老光華的共同記憶」活動，當初留下的八個耆老口述歷史的展示捲軸和老舊照片，至今還堆在志工中心的角落，希望有個地方可以成立光華文物館和編採組，既可以永久展示，也有地方討論、繼續書寫老兵三代及眷屬的故事，讓下一代也從小接觸歷史文物，傳承從根發芽，創造未來。

我對孟老師說：「你日夜不停、拼命的寫，我很害怕是迴光返照。」其實我是開玩笑的，她卻說當初醫生告訴她只剩兩年時光，現在已經用完還超過了，我聽了胸中一痛，淚眼矇朧，因為我還想讓美麗的光華在孟老師領導的寫作團隊下，還能有更多新血的加入，努力讓它不斷地擴大，讓世人看到光華強大的美，醜陋自然縮成一點點。

民國一一一年九月十二日

釀時代28　PF0330

# 站在石頭上的人：
## 花蓮光華村的記憶與哀愁


| | |
|---|---|
| 編　　著 | 孟慶玲、夏婉雲 |
| 責任編輯 | 石書豪 |
| 圖文排版 | 陳彥妏 |
| 封面設計 | 吳咏潔 |

| | |
|---|---|
| 出版策劃 | 釀出版 |
| 製作發行 | 秀威資訊科技股份有限公司<br>114 台北市內湖區瑞光路76巷65號1樓<br>電話：+886-2-2796-3638　傳真：+886-2-2796-1377<br>服務信箱：service@showwe.com.tw<br>http://www.showwe.com.tw |
| 郵政劃撥 | 19563868　戶名：秀威資訊科技股份有限公司 |
| 展售門市 | 國家書店【松江門市】<br>104 台北市中山區松江路209號1樓<br>電話：+886-2-2518-0207　傳真：+886-2-2518-0778 |
| 網路訂購 | 秀威網路書店：https://store.showwe.tw<br>國家網路書店：https://www.govbooks.com.tw |
| 法律顧問 | 毛國樑　律師 |
| 總 經 銷 | 聯合發行股份有限公司<br>231新北市新店區寶橋路235巷6弄6號4F<br>電話：+886-2-2917-8022　傳真：+886-2-2915-6275 |

| | |
|---|---|
| 出版日期 | 2022年11月　BOD一版 |
| 定　　價 | 450元 |

**本出版品獲花蓮縣文化局補助**
**指導單位：花蓮縣政府**


版權所有・翻印必究（本書如有缺頁、破損或裝訂錯誤，請寄回更換）
Copyright © 2022 by Showwe Information Co., Ltd.
All Rights Reserved

讀者回函卡

**Printed in Taiwan**

國家圖書館出版品預行編目

站在石頭上的人：花蓮光華村的記憶與哀愁 / 孟慶玲, 夏婉雲編著. -- 一版. -- 臺北市：釀出版, 2022.11

面；　公分. -- (釀時代；28)

BOD版

ISBN 978-986-445-737-3(平裝)

1.CST: 人文地理　2.CST: 歷史　3.CST: 花蓮縣

733.9/137.4　　111016712